7人に1人の

子どもが貧困

主体的な18歳を
社会に送り出すための
学校コーディネート5つの提言

キャリア教育コーディネーター

NPO法人
アスクネット 編著

明治図書

はじめに—教育制度（変革）は教育現場から！

　今の学校教育は，平成25年から開催され，令和２年８月で第47回を迎えた教育再生実行会議の提案を中心に，教育改革の具体化が進んでいる最中です。その教育改革が反映された学習指導要領が，今年度から小学校でスタートし，来年度に中学校，再来年度に高等学校で全面実施されていきます。今年度は，新型コロナウイルス感染症拡大により世界規模で学校教育に限らず，感染拡大防止やその対応に追われています。そしてもう一つ，現在先進諸国にも広がる社会格差が重要課題とされています。

　今の日本は，先進諸国の中でも最も高い貧困率（相対的貧困）[1]を示すグループに属し，７人に１人の子どもが貧困に陥っているとされます。相対的貧困の問題は，災害や病気で家族が亡くなったり，家庭の事情で離別したりして，ひとり親で子どもを育てながら非正規で働かなければならなくなるなど，誰にでも起こり得るという問題だと捉えられます。こうした経済的困難は，子どもたちの学習や体験の機会を失わせ，学力の低下など様々な影響を及ぼし，進学率や中退率によって表れます。そして，また非正規雇用などの不安定就労を生み，世代を超えて連鎖していきます。こうした状況の中で，平成25年６月に子どもの貧困対策の推進に関する法律が制定され，厚生労働省や文部科学省，自治体などで，様々な取り組みがなされるようになりました。

　例えば，「子ども食堂」という言葉をよく耳にするようになったのは，この頃からです。こうした取り組みが学校教育と連携し，子どもたちの学習体験の機会を保障し，学力だけでなく，文部科学省のいう「生きる力」をしっかり育まなければ，貧困の連鎖は止められないでしょう。

---

[1] 「相対的貧困」とは，その国の文化水準，生活水準と比較して困窮した状態を指します。具体的には，世帯の所得が，その国の等価可処分所得の中央値の半分に満たない状態のことです。

言うまでもなく，こうした社会格差を生まない未来をつくるには，日々，子どもたちと向き合う先生と地域社会が協力して，子どもたちを育む地域・文化を創っていくことが必要です。教育制度としても，平成18年に教育基本法が大幅改正され，「生涯学習の理念」（第3条）と「学校，家庭及び地域住民等の相互の連携協力」（第13条）が新設されました。このことにより，より学校教育と地域が協力し合い子どもたちを育む環境が整備・強化されたと言えます。

　このように，教育制度の改革は，子どもたちを中心とした，よりよい教育実践を推進するためのものでなければなりません。教育制度や学校の変革は，現場の実践とかけ離れたものや，子どもたちを中心とした考えとはまったく違う，選挙対策や予算の確保のためであってはなりません。将来を見据え，子どもたちをどのように育んでいくかを真剣に考えた結果，これまでとは違った価値観や方法が必要となったときに変革が起きます。

　そうであれば，その変革は，国や行政からではなく学校現場から起きてくることが望ましいと考えられます。本書は，お読みいただいた先生や教育に携わる方などに何か新しいことに取り組んでもらうことを目的としているわけでも，学校や教育の課題を解決するためのノウハウを提供するものでもありません。課題先進国と言われる日本には，向き合っていかなければならない問題はたくさんあります。それらは，個人の意識の変革は必要ではありますが，個人で解決するには大きすぎるものです。

　本書は，これから子どもたちを取り巻く環境の多様化を踏まえつつ，学校教育を中心に，未来につなぐ持続可能な社会の担い手づくりに向けて，提言と事例をまとめたものです。日本の教育を熱心に現場で支えていただいている皆様の気持ちの整理などに，少しでもお役に立てれば幸いです。

ＮＰＯ法人アスクネット代表理事　山本　和男

目　次

はじめに―教育制度（変革）は教育現場から！　　　　　　　　　002

Chapter1　7人に1人の子どもが貧困？
―社会的・職業的自立に関わる学校課題―

子ども健全育成支援員の3つの役割と4つの業務　　　　　　　008
貧困の連鎖　　　　　　　　　　　　　　　　　　　　　　　009
子どもの貧困対策推進と連携　　　　　　　　　　　　　　　011
社会的・職業的自立に関わる相談事例　　　　　　　　　　　014
社会的・職業的自立に関わる学校課題　　　　　　　　　　　020

Chapter2　主体的な18歳を社会に送り出すための
学校コーディネート5つの提言

持続可能な社会の担い手づくりを　　　　　　　　　　　　　022

提言1 「学び」の作戦を変更する

01 先生の OS（オペレーティング・システム）を更新する 024

02 学習者主体の学びへの転換を図る 032

03 これまでの経験を活かす 044

提言2 学園祭や学校行事を充実させる

04 学園祭を学校・学級づくりの装置とする 046

05 出会いが感動と関係を生み出す 052

06 価値を高め，外とつながる 057

07 点は打ち続けると線になる 060

08 社会問題と向き合う〜学園祭テーマ企画〜 068

提言3 体験学習を充実させる

09 今の子どもたちにこそ必要な体験活動を実施する 074

10 地域と関わる社会体験活動を促進する 080

11 自然体験活動を設定する 085

提言4 新しいパートナーシップを結ぶ〜持続可能で包容的な学校・地域づくり〜

12 教育と福祉の連携・協働を進める 090

13 子どもを中心にあるべき地域社会をデザインする 105

提言5 子どもを社会全体で育む

14 「私は関係ない」と思わない 110

15 大人が信頼されるよう子どもと向き合っていく 116

Chapter3　小学校・中学校・高等学校
キャリア教育支援の実践アイデア

子どもたちに「出会いと挑戦」の場を　　　　　　　　　　　　128

小学校(1)
01　アイシン環境学習プログラム　　　　　　　　　　　130
小学校(2)
02　モノづくり魂浸透事業（学校派遣事業）　　　　　138
中学校(1)
03　ライフイベントコストゲーム　　　　　　　　　　144
中学校(2)
04　池田中学校「池中15のREAL」　　　　　　　　152
高等学校(1)
05　学校法人黄柳野学園黄柳野高等学校「プロジェクトT」　　160
高等学校(2)
06　キャリア教育ネットワーク協議会「PBL」　　　172

おわりに─「子ども」を中心にOSを更新していく！　　180

Chapter1

７人に１人の子どもが貧困？

ー社会的・職業的自立に関わる学校課題ー

子ども健全育成支援員の
３つの役割と４つの業務

　筆者は，平成27年４月，38年間の教員生活にピリオドを打ち，新たに高浜市役所福祉部地域福祉グループ所属の子ども健全育成支援員として勤務することになりました。学校現場から福祉現場となり，わずか５年間の勤務でしたが，そこで実感した学校課題をまとめてみました。子ども健全育成支援員には，３つの役割と４つの業務があります。

－３つの役割－

① 　生活困窮世帯の子どもが大人になっても，生活困窮状態から脱することができないという「貧困の連鎖」を防止する。

② 　若者のひきこもりやニートなど，「新たな貧困」を発生させないようにする。

③ 　支援につなげた後も事後フォローを行うなど，各支援機関と連携して，継続した支援を行う。

－４つの業務－

① 　困りごとを抱える子どもや若者の相談に応じ，また，必要に応じて家庭を訪問するなどのアウトリーチ（待ちの姿勢からの脱却）を行う。

② 　インテークとアセスメントを行った結果をもとに，必要な支援を導き出す。

③ 　必要な支援につなげるための働きかけを本人と保護者に行うとともに，支援機関との調整を行う。

④ 　支援につなげた後も定期的にフォローアップを行い，継続的な寄り添い型の支援を行う。

　ひきこもりの若者が対象者の中心となる子ども健全育成支援員の相談業務は，対象者の社会的・職業的自立を図る最前線に置かれることになります。

貧困の連鎖

(1)40年間の生活保護で使われる公費

　日本財団の推計によれば，生活保護受給者を放置したままの状況を続けると，一人あたり年間300万円，生涯では１億2000万円の損失になるという資料があります。これはすべて税金でまかなわれるので，生活困窮対策は市にとっては，いかに重要な施策であるかがわかります。

　また，相対的貧困とは，OECD作成基準に基づき，等価可処分所得（世帯の可処分所得を世帯人員の平方根で割って調整した所得）の中央値の半分に満たない世帯員の割合を算出したものです。

－相対的貧困とは？（年収305万円を例にすると）－

①可処分所得を計算（年収の８割を可処分所得と仮定）

　　305万円　×　0.8　＝　244万円

②等価可処分所得を計算（①を世帯人数の平方根で割る）

　　244万円　÷　$\sqrt{4}$　＝　122万円

> ４人家族の場合，年収305万円が「相対的貧困」の上限

　上記のように，2012年の日本の等価可処分所得の中央値は244万円となり，その半分の122万円以下が等価可処分所得となれば相対的貧困状態と言えるのです。

(2)貧困の放置は社会のツケ

　学校現場から見える貧困は，就学援助費受給の形で表れます。平成31年3月の「文部科学省就学援助実施状況等調査結果」によると，生活保護費，就学援助費を受給している児童生徒は全国平均で15.23％という結果です。県別では，最も受給率が高い高知県の25.63％は，最も低い富山県6.76％の約3.8倍と地域によって格差が大きいこともわかります。貧困対策の重要性は，平成28年6月3日付地元新聞の朝刊に1面全面で掲載されました「放置すれば社会にツケ」という見出しが話題となり，愛知県独自で貧困の現状について，家庭向けにアンケート調査が実施されました。

(3)中学校卒業後の現実

　困りごとを抱える若者への5年間のアウトリーチで，令和2年3月末現在満16歳以上の対象者57名のうち，45.6％にあたる26名が生活困窮家庭の若者でした。中学校を進路未定で卒業した生徒，少年院入所のまま中学校を卒業した生徒，高校や大学を中退した若者，16歳で特定妊婦になった生徒，警察に逮捕され保護観察処分になった生徒など，適切な支援がなければすぐにでも生活困窮に陥ってしまう若者ばかりでした。

　さらに，多くの困りごとを抱える若者の主な特徴として，小中学校時代に不登校の経験があることが，相談の中でわかりました。その人数は43名で，対象者全体の75.4％と高い割合を示していました。

　そのような背景もあって，筆者は毎年4月に開催される市定例校長会議に参加し，「不登校解決の目標は，子どもたちの『将来的な社会自立』です。不登校は，心のみならず『進路の問題』であるという認識に立ち，各学校は進路形成に資する学習支援や情報提供を積極的に行ってほしい。特に中学校3年生は，卒業後の進路を全員確定させて義務教育を終えさせてほしい。進路未定で卒業の可能性が強い生徒は，早い段階で子ども健全育成支援員につなげてほしい」と依頼するようにしています。

子どもの貧困対策推進と連携

(1)生活困窮者自立支援法の制定と中学生学習等支援事業

　子どもの貧困対策推進の原点となっているのは，平成26年１月に施行された「子どもの貧困対策推進に関する法律」，平成27年４月に施行された「生活困窮者自立支援法」です。

　これら２つの法律の施行を具体化するために，平成27年３月27日，文部科学省から通知が都道府県教育委員会や国立大学法人，地方公共団体の長に出されました。

　この通知には，生活困窮者自立支援制度に関する，

「学校や教育委員会等と福祉関係機関との連携」
「児童生徒に対する学習支援」
「高校中退の未然防止」

のあり方などが示されています。

　そこで，高浜市では，平成27年度より福祉部局と学校を統括する教育委員会とのスムーズな連携を図るために「子ども健全育成支援員」を配置し，同年７月25日より中学生学習等支援「ステップ」を福祉部地域福祉グループ主導で開設しました。

　子どもの将来が生まれ育った環境によって左右されることのないよう，支援が必要な生徒に対して，自ら将来を描くことができるようなプログラムを実施しています。

(2)生活困窮と学習支援

　まず，「学力と貧困の相関はある」ことを示す結果が，平成25年度「全国学力・学習状況調査結果」にあります。世帯収入が上がるほど正答率は高くなり，収入200万円未満と1500万円以上の差は，国語Bで1.57倍，算数Bで1.56倍となっています。つまり，世帯収入が多いほど学歴も高い傾向があることが予想されます。

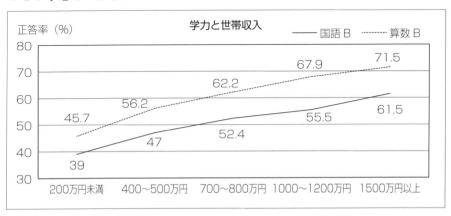

（平成25年度「全国学力・学習状況調査結果」をもとに筆者作成）

　そこで，平成22年「総務省国勢調査結果」の40歳時点男性学歴別就業率を見ると，学歴差が就業率に直接反映してしまう現実が見えます。

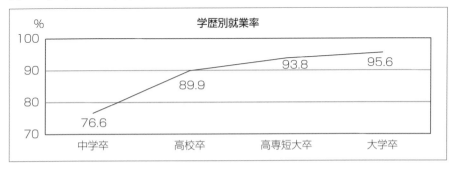

（平成22年「総務省国勢調査結果」をもとに筆者作成）

就業率は，中学卒と大学卒では19％の開きが出てしまいます。この就業率は，正規・非正規両方の雇用を含んでいます。

　次に，学歴別就業者に占める正規雇用者の割合に目を向けると，就業率以上に大きな差が生まれてしまいます。

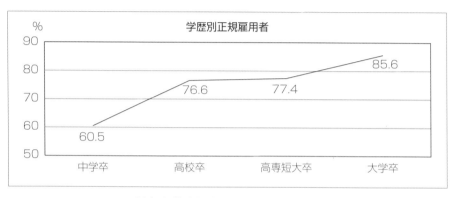

（平成22年「総務省国勢調査結果」をもとに筆者作成）

　総務省の平成22年国勢調査によれば，40歳時点での中学卒の正規雇用者の割合は，60.5％にすぎません。働こうとしても，なかなか正社員の立場で入社できない現実が，ここにあります。

　平成28年11月末現在の高浜市内事業所がハローワークに出している求人票を見ると，学歴・年齢・資格不問の事業所は33件中パートタイム募集が17件，フルタイムパート募集が12件，正社員募集はわずか４件だけでした。このような状況がある中，たった１年間が勝負の中学校３年生の担任に対し，複数年相談可能な子ども健全育成支援員の役割は，対象者を正社員として入社させるまでサポートすることだと思っています。

社会的・職業的自立に関わる相談事例

　ここでは，筆者のもとに寄せられた具体的な相談事例を通して，対象者の社会的・職業的自立に関わる学校課題に迫りたいと思います。

(1)ひきこもり6年間から社会的自立へ

① 出会い

　平成27年5月22日AM11時30分，福祉まるごと相談グループに母親が来所し，「6年間引きこもりの息子を何とか外に出してほしい。市外にある若者サポートステーションにも相談したが，現状はまったく改善されない。このままでは，不安ばかりが募ってしまう。何とか相談にのってくれる方を紹介してほしい」と当時22歳の若者の相談依頼がありました。

　そこで窓口で話を聞いた担当者は，子ども健全育成支援員を紹介しました。
　母親からの相談内容は，次の通りです。

・中学校から市外県立高校に進学したが，高校1年生から「こんな学校だとは思わなかった」と挫折した。不登校で単位が取得できず，1年生を留年したが，何とか低空飛行をして4年間で卒業した。

・中学校では，担任や学年主任，進路指導の先生から「宿題をまったく出さない子が進学校に行っても途中で挫折してしまう」「第1志望校合格可能性はかなり低いので，他校を受検してはどうか」など，多くのアドバイスを受けた。結局，本人の意思で第1志望校を受験し合格した。

・父親は，本人が中学校3年生のときに他界している。

・高校1年生のとき，医師に「うつ病」と診断され，薬が出ているが「本人が飲まない」と妹が言っている。

・現在県内私立大学理学療法科に在籍しているが，1年生後期より休学中。休学中も学籍を維持するために，年間17〜18万円を納めている。
・本人は，もう大学に行く気はないと思う。母親も大学を中退してもよいと思っている。
・兄も初めは世話を焼いていたが，今は何もしない弟に腹を立て，携帯の契約を切るように母親に進言した。

② 相談経過

平成27年5月25日　PM2時，家庭訪問で本人と出会う

↓　求人広告を出している市内事業所巡りに同行

平成27年6月23日　市内コンビニ勤務

↓　週1回バイト先を訪問し，次週のシフトを確認

平成28年3月3日　県内私立大学理学療法科中退

↓　週1回バイト先を訪問し，次週のシフトを確認

平成29年10月17日　自動車学校入校

↓　週1回バイト先を訪問し，次週のシフトを確認

平成30年3月19日　店長交代を機に市内コンビニ退職

↓

平成30年9月21日　自動車学校を卒業し，普通自動車免許取得

↓

平成30年12月20日　正社員採用を目指しハローワークに同行

↓　職業適性検査を受け，就活の参考にする

平成31年1月17日　市外自動車部品製造工場営業職で正規採用

　次のステップに進む際，長い日数を要してしまいました。その間，コンビニ店長，担当大学教授，ハローワーク学卒相談員との連携協力があり，正社員として今も働き続けています。本人の一歩前進を後押しする人の存在がとても大切です。

(2)不登校から職業的自立準備へ

① 出会い

　平成29年12月8日校内適応指導教室に支援員が顔を出すと，本人は中学2年生の秋から不登校となり教室に入れない状態が続いていることを知りました。支援員が本人に話しかけると素直に今の心境を語りました。

・休日や放課後は，自宅で一人で過ごしている。楽しみは将棋で，ゲームソフトを使ってよくやっている。しかし，友達や家族で対戦したことはない。「卒業後の進路は，どう考えているの？」と支援員が尋ねると，「就職になる」と寂しそうに答えたことが印象的でした。そこで，時々適応指導教室に出向き，将棋の相手をしながら進路相談をすることにしました。

・「僕の持病は起立性調節障がいと喘息です。毎日たくさんの薬を飲むのでジョッキを使っています」と言い，医師の処方箋を見ると，①喘息：60ブリスター，②整腸：ビオスリー，③便秘：酸化マグネシウム，④鼻炎：フェキソフェナジン，⑤風邪：アスベリン，⑥風邪：アンブロキソール，⑦喘息：モンテルカスト，⑧血圧上昇：メトリジン，⑨胃：ファモチジン，⑩胃：テプレノン，⑪頭痛：カロナール，⑫鼻づまり：ナゾネックスの12種類を服用していました。

② 相談経過

| 平成30年3月13日　不登校傾向が目立つようになったと担任から連絡 |

　　　↓　毎週火曜日午前中に将棋の相手をしながら相談

| 4月23日　学校としては進学で3年生を送らせる方針と連絡 |

　　　↓　本人の希望は18歳まではパートで働きたい

| 5月12日　将棋のある日しか登校しないので週2回の登校を目標 |

　　　↓　年齢・学歴・資格不問の求人票を紹介

| 10月9日　第1希望の会社までは自転車で通勤したいが乗れない |

　　　↓　将棋から週1回の自転車練習同行に切り替え

| 11月12日　自転車練習よりも職場体験が優先と担任から連絡 |

　　　↓　市内就労支援事業所で職場体験を計画

| 12月12日　自転車運転ができるようになった |

↓

| 12月13日　毎日登校しないと就職斡旋はできないと担任から連絡 |

↓　「毎日登校なんてできない」と反発し，不登校が続く

| 平成31年2月12日　支援員の同行で久しぶりに登校できた |

↓　求人広告を出す市内事業所巡りに同行

| 2月14日　就職応募先は自分で決めるよう担任から連絡 |

↓　応募先3社の希望順位をつけ担任に報告

| 2月19日　市内スーパー内ベーカリーショップを希望 |

↓　担任からベーカリーショップに連絡を入れる

| 2月21日　ベーカリーショップで採用面接 |

↓　2月25日採用決定の連絡が自宅に入る

| 4月2日　4日／週，4時間で勤務開始 |

③　学校課題

　担任は本人の登校に対するモチベーションを高めるために，進学希望で進路相談を実施したい思いが強かったのですが，本人の18歳までは扶養範囲内のパートで働きたいという意志は堅いものでした。この思いのずれが不登校に直結しました。登校したのは，支援員が将棋の相手や自転車練習，採用面接練習や履歴書作成のために学校訪問をすると予告した日か，自宅から学校へ同行した日がほとんどでした。支援員は「本人の状況を見ていると，自転車に乗れるようになってから職場体験ではなく，職場体験をしてやれそうと感じさせ，『自転車に乗らなければいけない』と自覚させた方がよいのではないか。学校も，自転車練習にいつでもつき合う用意があります」と言ったものの，本人が担任と自転車練習を実施した日は一度もありませんでした。

　学校の方針と本人の思いのずれを埋め，採用内定のために次の一歩を確実に進め，その進捗状況を学校と共有することを重点に進路相談を進めました。そして，採用後も定期的に職場訪問を実施し，本人から仕事で溜まるストレスを聞き出し，賞賛や励ましを直接伝えていきます。4月になると担任は，

また新しく目の前にいる生徒に全精力を傾けなければならないため，卒業生の事後指導までは手が回りません。不登校の経験者は，離職を何度も繰り返す生徒が多いため，支援につなげた後も定期的にフォローアップをし，継続的な寄り添い型の支援を行う必要があります。最終的には職業的自立を達成することのできるように，子ども健全育成支援員を福祉事務所に配置することが重要です。

(3)職業的自立から社会的自立へ

① 出会い

平成28年5月24日 AM9時30分，「就職先を探しているが，自分ではなかなか見つけることができないので，相談にのってほしい」という当時18歳の本人から相談依頼がありました。「中学校卒業後，老人ホームに就職したが2か月で辞めた。その後，家屋解体やコンビニで働いたが，どこも長続きしなかった。派遣会社に登録しているが連絡が入らないので，就職先を一緒に探してほしい」との連絡でした。

この電話から長いつき合いが始まりました。

② 職務履歴

平成26年4～5月　市外特別養護老人ホームで高齢者支援
　　↓　仕事が合わない
平成26年10～11月　市内家屋・工場の解体商店
　　↓　仕事がたまにしか来ない
平成27年8～9月　市外民家解体の事業所
　　↓　家具の運搬がきつい
平成27年11月～12月　市内屋根瓦製造工場
　　↓　バリ取りばかりで仕事が単調
平成28年6～9月　市外各種ボンベ充填・運搬工場
　　↓　ボンベが重く，腰を痛めた
平成28年10月　市内鉄工所

↓　終日立ち仕事で腰痛が悪化

平成28年12月　市外美容室見習い

↓　将来の夢であった美容室に勤務したが腰痛悪化

平成29年3～5月　市外美容室見習い

↓　腰痛悪化で手術

平成29年10月　自動車運転免許を取得し，市外精肉店で肉の配達

↓　ディーゼル車にガソリンを給油しエンジン破損で解雇

平成30年6月　小学生わいせつ事案で逮捕，保護観察処分

↓　保護司と連携し，就活・日常生活支援

令和元年7月　市内新聞店で朝刊配達，保護観察処分解除

新聞配達を続けながら正規採用を目指す

　就職活動支援の過程で，職務履歴書の提出が必要な事業所があり，一つの職場に定着できない本人の特性が明らかになりました。

③　学校課題

　本人は「中学2年生途中から不登校になり，中学3年生はほとんど登校していない。金髪で登校し，指導を受けたことも一度だけではない」と言いました。また，「最初の就職先も，母親が見つけた」と言います。彼にとって卒業とは，家族や先生に祝福され，将来の希望に満ちた卒業ではないのです。単に，進路未定の卒業というだけではなかったのです。友達は不登校気味の同級生2人だけで，交友関係は極端に狭いものでした。

　職を転々と変え，保護観察処分を受けましたが，担当保護司や県監察官の指導を受けて生活態度を改め，予定よりも早く保護観察処分を解除されました。現在勤めている新聞店主からは，欠勤すれば支援員に連絡が入るように協力をいただいています。担当保護司にも，保護観察処分が解けた後も彼を見守っていただいています。

　学力も社会性も身につけないまま学校生活を終えてしまった本人にとって，職業的自立から社会的自立を図るために，出会ったすべての人の言葉を謙虚な気持ちで聞き，人間関係を大切にしていくことが望まれます。

社会的・職業的自立に関わる学校課題

・不登校解決の目標は，子どもたちの将来的な社会自立と捉え，「不登校は進路の問題にある」という認識に立ちます。困りごとを抱える子たちの多くは，義務教育時代に不登校を経験しています。

・まず進路未定のままで，義務教育を修了させないことです。未定のまま中学校を卒業した子どもたちは職を転々と変えてしまうことが多いのです。

・学校や地域から孤立しがちな生活困窮家庭の子どもたちには，自ら将来を描くことができるキャリアプログラムを実施している福祉課が所管する学習等支援事業を積極的に活用します。

・学歴は将来の就業率や正規雇用率に直結するので，できるだけ高校卒業資格が取得できる進路指導に努めます。必要な経費は，各種給付・減免制度，奨学金，教育一般貸付，就学支援費，教育支援費制度があります。

・困りごとを抱える若者には生活困窮家庭の若者が多いので，学級担任と違い複数年対応が可能な教員経験のある支援員を福祉事務所に配置して学校との連携を図ります。

（高橋　正）

Chapter2

主体的な18歳を社会に送り出すための

学校コーディネート5つの提言

持続可能な社会の担い手づくりを

　「持続可能な社会」とは，何か？

　これまで筆者が，たくさんの先生とお話させていただいてきた中で，

　「子どもたちは，ただの産業の担い手ではない」

　「大人の都合…」

というような話が出ることがありました。

　戦後の復興や高度経済成長期には，子どもたちをそういった意味合いで捉えることもあったかもしれませんし，未来の担い手として子どもたちが期待されていたのかもしれません。

　しかし，自由主義的で，個人主義的な認識の強い今の日本では，先生の認識の通りだと思いますし，子どもたちに，

　「君たちは，たくさん勉強をして進学して，いい会社に就職して，しっかり納税しましょう」

と言ったところで，自分ごととして受け入れられるでしょうか。

　「持続可能な社会の担い手」とは何か，と考えるとき，多くの人は，これまでの学校教育の価値観に少し変化を加える必要があると考えると思います。

　予測困難な時代の中で，自らの意志をもち，自らの未来を切り拓き，自分にとっての人生の意味を探究し続ける。そして，目の前の課題や自分以外の人々が抱えている課題に関心をもち，社会や多様な人たちと協働しながら，解決する方法を考え，行動していく。近くに起きた困りごとを他人事で終わらせるのではなく，自分にできることを考える。

　一人ひとりがそういった意識をもって生活する社会が「持続可能な社会」

につながっていくと考えます。

　そこで本章では，学習指導要領や中央教育審議会答申において述べられていることも踏まえ，また，長年，学校教育に尽力してきた方々に協力していただき，学校現場において，「持続可能な社会の担い手」に向けた変化をもたらす5つの提言をまとめました。

－5つの提言－

1　「学び」の作戦を変更する

2　学園祭や学校行事を充実させる

3　体験学習を充実させる

4　新しいパートナーシップを結ぶ～持続可能で包容的な学校・地域づくり～

5　子どもを社会全体で育む

（山本和男）

01

先生の OS （オペレーティング・システム） を更新する

▌若者は自身に影響を与えた先生を目指す

(1)ある教員養成に関わる大学の先生のお話から

　ある教員養成に関わる大学の先生に，高校教員向けの研修をお願いしたことがあります。その大学の先生は，研修の中で，「教員を目指す大学生は，自身が影響を受けた先生のようになりたいと思って教員を目指しています」とおっしゃっていました。

　確かに，教職課程を履修しているほとんどの学生は，自身がお世話になった当時の先生と大学での授業で出会う数少ない現場の先生，もしくは身近な家族や親族をロールモデルとして，教員を目指しています。子どもたちに教える，関わるのが好き，そうした職業に就きたい，または，日本の学校教育を変えたい，もっと自由な学校をつくりたいと思って志望する学生もいるかもしれません。それでも，それまでに関わりのあった先生をロールモデルとしていることには変わりがないと言えます。それは，現場の先生方が教員として，日頃，子どもたちと接してきた賜物であり，教員の多忙化が叫ばれる中，それでも未来の子どもたちのために教員を志望する，心豊かな学生を育んできたという，教育の成果であることも間違いありません。

　大学の先生からご指摘いただいたのは，昨今の学習指導要領改訂や行政主導による教育改革，その他学校教育に関わりがないと思えるような社会変化など変化し続ける世の中で，学生が子どもだった当時の先生像が，今の先生像ではないということです。これは，教職課程で学生に教える中で，学生がもつ教員イメージとこれからの教員に求められる資質能力との差や，教育実

習で実際の教育現場に入った学生がギャップを感じていることを肌で感じている，教員養成大学の先生だからこそわかることのようにも思えます。

(2)学習指導要領改訂は，アップデートのタイミング

　前出の「教員を目指す大学生は，自身が影響を受けた先生のようになりたいと思って教員を目指しています」とは，「先生たちは自身の OS を更新していますか？」というつなぎのお話だったように思います。OS は，IT が苦手な先生でも，ご存知の方がほとんどだと思います。ウィキペディアでは，「コンピュータのオペレーション（操作・運用・運転）を司るシステムソフトウェアである」と説明され，多くの人は，パソコンのマイクロソフト社の「Windows」もしくは，スマートフォンの「iOS」「Android」で認識されていると思います。これらは，定期的に「更新してください」というような案内が表示され，アップデートすることを経験されている人ばかりだと思います。

　わかりやすく説明するならば，学習指導要領改訂は，このアップデートの一つのタイミングと言えるわけです。他にも学校教育目標の設定，改定，学校の新しい取り組みもそうでしょうし，先生個人では，校務分掌で新たな役割を担う際や立場が変わる際も，これまでとは違った考え方や認識をもつ必要がある場合などは，その状況に適した OS に切り替える必要があります。最近では，特に授業においても同様なことが言われるようになったことは，お気づきかと思います。昨今，言われている「主体的・対話的で深い学び」の実践は，これまで教授を主としてきた教員には，非常に大きな変化が到来したことになります。

(3)教員自らが OS を更新していく

　定年退職を数年後に控えたとある高校の数学の先生に，研修に参加していただいたことがあります。数か月後，お会いすることがあって，その大ベテランの先生から思いもしないことをお聞きすることができました。

その先生は，テスト範囲の授業が終わったクラスから順に，テストまでの授業をテスト対策として「みんなが成績（点数）を上げる」というミッションを与え，生徒たち自身が学び合う時間に充てたそうです。結果として，全体の平均点が上がったそうです。

　学校やクラスの学力や風土，学年や時期にもよるので，注目すべきは，ベテランの先生の実践したことの良し悪しや手法ではなく，そのベテランの先生が研修を受け，それを参考にして，自身が担当する生徒の状況等を鑑み，これまで教員生活で培ってきた経験とは違った価値観を受け入れ，実践したことにあると思います。ベテランの先生は，話の最後に，「これまでの自分の授業は，なんだったのかと考えさせられました」と笑いながら，少しうれしそうにお話されていました。それがとても印象的で，研修を企画した者として忘れられない経験となりました。

　これからの時代，学びの形が変わろうとしています。そうした中で，若手も中堅もベテランの先生もOSの更新が必要であるということです。さらに言えば，子どもに関わるすべての人に同じことが言えます。現在の日本の教育システムでは，主な教育現場は学校にあります。それこそ，生活困窮家庭やひとり親家庭の子どもたち，学習や発達に課題をもつ子どもたちを把握すること，サポートしていくことは，福祉部局の役割が重要ではあるものの，学校に来ている，または学校が把握している子どもたちでないと，サポートできない状況にあります。そうした課題を抱える子どもたちをどうサポートしていくか，今，社会で大きく議論されています。

　これからの学びのあり方においても，こうした子どもたちの課題においても，現場の教員がどのように感じ，どのように子どもたちに接していくかを考え，教員自らがOSを更新していくことで，教育に関わる個人，地域も更新され，「社会に開かれた教育課程」の実現に向けた学び合いのベースができると思います。そうした魅力ある先生に影響を受けた子どもたちが教員にもなり，地域の未来を担っていってくれるはずです。

これまでの教員生活を振り返る（自身の PDCA サイクル）

(1)教員生活を振り返る習慣を身につける

　小学校，中学校，高等学校において，教員生活を見直す，振り返る機会はどれくらいあるでしょうか。

　一般企業の新卒研修が整っている会社では，新卒入社後，PDCA サイクルを叩き込まれ，１週間，１か月，半期，１年とそれぞれのタイミングで評価のための振り返る機会が設定されています。学校でも教員の評価制度が導入され，半期または１年単位で評価のための振り返りが実施されているかと思いますが，企業も学校も自身のためというよりも所属する組織のための振り返りの傾向が強くなっているように思います。

　結論から言うと，各々が必要とするタイミングで振り返りをする習慣を身につけることが，自身の経験を活かせる習慣を身につけることになるということです。

　そうは言っても，自身の中で独自の PDCA サイクルを習慣化している社会人は，そういないと感じています。または，仕事としての PDCA サイクルに限定されている感じではないでしょうか。

　ワークライフバランスと言われるようになり久しいですが，一方で，教員や教育関係者にとって，仕事と自身の人生の接続性は強く，割り切ることは非常に困難なように思われます。これをマイナスに捉えるのではなく，この教員生活と自身の人生の接続性をプラスに捉え，日々の教員での経験を人生の大きな役割として，人生全体を豊かなものにしていくことが，教員自身やこれから関わる無数の子どもたち，保護者，地域の人々にとってよい影響につながると考えられます。

(2)自身の PDCA サイクルを習慣化させるポイント

　自身の PDCA サイクルを習慣化させるポイントをご紹介します。

　PDCA サイクルと表現しているのは，あくまでわかりやすく，読者の皆

様が理解しやすいよう使用していますので，呼び方は特に何でもよいと考えています。ですので，PDCA サイクルに関しての説明は省かせていただきます。

－自身の PDCA サイクルを習慣化させるポイント－

■これまでの教員生活の経験を振り返る

　・・・教員生活の出来事をその都度，その日のうちに振り返る

■学びの姿勢（日頃の出来事に目を向ける）

　・・・「学び」は，苦痛を伴うものと割り切る

■すぐに行動する

　・・・得たことをすぐに行動に移す（使ってみる）

　　　　興味・関心をもったものを周りの人（教員同士）と話をする

■フィードバックをもらう

　・・・厳しいフィードバックをもらう勇気をもつ

　　　　もらったフィードバックを整理する

　　　　（まじめにすべてを受け止める必要はない）

■自身の成長を楽しむ

　・・・多忙な毎日を客観的に見て，自身をほめる

　　　　近視眼的にならず，広い視野をもって自身の成長を楽しむ

　まず，前提として，若手教員もベテラン教員も知識については，極端に言ってしまえば，努力次第で埋めることができます。しかし，当然のことながら経験は，それを経験しなければ得ることはできません。

　そして，成功経験も失敗経験も自身の中に落とし込まなければ，次に活かされることもありません。簡単なものであれば，なんとなく前回こうだったからと，その経験を踏まえて改善していると思います。人間は，非常に賢い生き物です。無意識であっても，ある程度柔軟に対応することができてしまいます。器用な人や賢い人はこれが非常に得意であると思います。

　しかし，自身の PDCA サイクルを習慣化させるとは，これとは少し違い

ます。というのは，知識やこれまでの経験は，頭の中で点となって残っていきます。印象が強いものや衝撃を受けたものは，色濃く記憶として残ります。

逆に，そこまで印象のないものは，脳が必要ないと判断するため，記憶が薄れて次第に忘れていきます。自身のPDCAサイクルを習慣化させるとは，自身の行動や出来事などの経験を正確に分析し，必要なものとそうでないものを選別する作業です。

ただ，脳には個人差もありますが，記憶できる容量があります。重要な知識・経験を残し続けていくには，

・「口に出す」
・「行動する（使う）」
・「振り返る」

ことをする必要があります。

筆者は，よくスタッフに，「アウトプットをしない勉強や研修は，時間がもったいない」と言っています。

無駄とは言いませんが，社会人として結果が求められている以上，得られた知識や経験を技能として定着させるには，アウトプットが必要です。そして，重要なことは，選別されて残った知識・経験を点ではなく，点と点を線でつなぎ，教員生活や人生で活かしていくことです。

複数の情報や経験を統合することを統合的思考と呼ばれていますが，まさにそれと同じことだと考えています。統合的思考は，イノベーションやクリエイティブというキーワードのつく文献には，頻繁に使われていますが，筆者は，人生を豊かにするという点で，その人が培ってきた経験や知識を活かすこと，そして，それを子どもたちや周りの大人に伝えることにおいても重要だと捉えています。

自ら学び OS を更新し続ける

　学校教育の学びに変革が起きようとしていることは，前述させてもらいましたが，文部科学省は，未来を見据えて，社会全体としても「生涯学習社会」の実現を提示しています（教育基本法第3条）[2]。そうしたこれからの社会で教員の役割はさらに大きくなっていくことが予測できます。

　これは仕事量というよりも，「学び」の見本という意味合いが大きいと考えられます。教員が「学び」の見本となるために，これからの「学び」とは何か，学校教育とは何か，を教員同士や地域の方と考えるよい機会ではないでしょうか。

　教育に関わる人に比較的読まれている『Learn Better』[3]（アーリック・ボーザー著）という書籍があります。その中で，「学習は，難しくて当たり前」という表現をされています。筆者は，それを読んでいるときに居心地のよい場所にいては成長できないという「コンフォートゾーン，ラーニングゾーン，パニックゾーン」の理論と同じような感覚をもち，とても納得することができた記憶があります。できることを反復して腕を磨くことはできると思いますし，学校教育でもドリルや問題集などたくさんの問題を解くことによって子どもたちが問題を解けるようになったり，体育の逆上がりなども反復することでできるようになったりすることもありますが，これからの「学び」とは何か，学校教育とは何かという問いは，答えが一つではない，明確な答えがあるわけではない問題であり，「学び」や知識・経験を深めることによって磨き続けるものです。言い換えれば，終わりのない問題です。

　こう言い切ってしまうと，たいていの人はうんざりしてしまうかもしれませんが，これまで責任のある先人たちが取り組んできたことであり，企業社

---

[2]　教育基本法第3条（生涯学習の理念）
　　国民一人一人が，自己の人格を磨き，豊かな人生を送ることができるよう，その生涯にわたって，あらゆる機会に，あらゆる場所において学習することができ，その成果を適切に生かすことのできる社会の実現が図られなければならない。
[3]　アーリック・ボーザー(2018)『Learn Better』英治出版

会でも同様に行われてきたことです。ただし，これまでは一部の人が担ってきたと言った方がわかりやすいかもしれません。生涯学習社会もしくは社会総がかりという言葉は，VUCA時代[4]と言われる予測困難な時代に，一部の人に限らず，一人ひとりが学習し続け，大きな課題や問題を他人事ではなく，協力し合いながら解決していく，向き合っていくような社会を見据えて使われるようになったのではないでしょうか。そう考えると，人それぞれが学びの主体者になっていくことが求められてきます。これからの学校教育は，学びの主体者を育てていくことを意味しているのであれば，教員や学校教育に関わる人たちからまずは学びの主体者となって，子どもたちに関わっていく，そして，学びの楽しさを伝えていくことが望まれます。

　学習は難しくて当たり前であり，これまでとは違った価値観を受け入れることは非常に困難を伴い，苦痛を感じることもあります。特に目の前のことに全力を尽くしてきた人であればなおさらです。学校では，「例年通り行う」「うちは○年生は○○をやるのが恒例」ということも多いと思います。すべてを変える必要はありませんし，変えることがよいとも限らないケースもあります。ただ，一歩引いて考える必要があると思います。これまでと同じ価値観で改善をするだけではなく，新たな価値観や柔軟性をもって考える必要があるということです。自ら学びOSを更新し続けることです。

　これまでたくさんの研究者が閉鎖性，保守性，相互不干渉性，権威性など変化を拒む教員文化の特徴を指摘し，改善策を提示してきました。こうした独自の教員文化で苦慮してきた教員の方も多いかもしれません。OSを更新，切り替えることができるようになれば，これらの文化を改善することができるようになるでしょう。また，多忙化も効率化，分散化によって，少しは改善されるでしょう。教員の多忙化が解消されることは，目の前の子どもたちにとって有益のほかありません。

4　「VUCA時代」とは，Volatility（変動性），Uncertainty（不確実性），Complexity（複雑性），Ambiguity（曖昧性）の頭文字をとった造語であり，社会環境の複雑性が増し，次々と想定外の出来事が起こり，将来予測が困難な状況を意味する言葉です。

02
学習者主体の学びへの転換を図る

これまでの学校での学び

(1)これからの時代に適した学校文化を教育行政と教員で考え形成する

　平成29年に告示された『学習指導要領解説総則編』[5]では，改訂の要点として，社会で広く共有されるように新たに前文を設け，下記の3つが示されました。

> ①教育基本法に規定する教育の目的や目標
> ②「社会に開かれた教育課程」の実現を目指すこと
> ③学習指導要領を踏まえた創意工夫に基づく教育活動の充実（家庭や地域社会と協力すること）

　そして，学習指導要領改訂の趣旨が教育課程の編成や実施に反映されるように，下記の3つについて詳しく解説されています。

> ①資質・能力の育成を目指す「主体的・対話的で深い学び」
> ②カリキュラム・マネジメントの充実
> ③児童生徒の発達の支援，家庭や地域との連携・協働

---

[5]　文部科学省（2017）『学習指導要領解説総則編』

この中だけでも新しい用語がいくつか使われており，一つひとつその意味を考えていく必要がありますが，そうした解説は専門家にお任せするとして，学習指導要領改訂における教育課程企画特別部会論点整理においては，

> 　これまでの蓄積を踏まえ評価しつつ，新しい時代にふさわしい学校の在り方を求め，新たな学校文化を形成していく必要がある

と記述があり，これまでの学校教育やあり方を否定することなく，これからの時代に適した学校文化を教育行政と教員で考え，形成していこうというようにも受け取ることができると思います。

(2)先生の役割が少しずつ変化していく

　これからどうなるか，曖昧な状態やわからない状況は，時として不安になることもあるでしょう。それは，教員に限らず誰だってそうなるものです。特に子どもたちは，勉強でも，学校行事でもわからない，曖昧な状況に敏感になることが多く，先生は日々それを実感していることでしょう。

　変化は，誰にとっても受け入れがたい側面が必ずあるものです。だからこそ，気づいた先生から学び理解していくことが必要だと思います。普段，子どもたちの小さな変化を拾い柔軟に対応している先生だからこそ，社会の変化や教育の変化に繊細になるのかもしれません。そこは，OSを切り替えて，前向きに取り組む姿勢を期待します。その一歩が，教育や社会を大きく変える可能性があると筆者は信じています。日本のこれまでの一斉授業のスタイルは，教員のスキルが非常に求められる高度な教授方法です。海外の先生が視察するとたいていの人が驚かれるそうです。誇るべきものです。

　高度経済成長期以降，「よい大学に入れば，よい企業に入れ，人生安泰」という社会的風潮が出てきたことにより，大学進学率が毎年上がり，いわゆる進学を希望すれば全員進学できる大学全入時代を迎えました。それにより，高等学校が学力に編重していったことは自然な成り行きです。しかし，学力

編重社会は，「勝ち組，負け組」という弊害を生み出しました。これに違和感をもった先生，異論を唱えた先生もいらっしゃったと思います。そして，その対策として，「ゆとり教育」がスタートしましたが，社会全体に広まった学力編重の風潮は，PISA調査の順位結果が下がったことにより，すぐに息を吹き返しました。

　地域によって学校教育や子どもたちにとって何がよいかは議論され，常に変化し続けてきた部分もあります。過去は変えられないですし，ある意味では，学力編重社会も必然だったかもしれません。

　重要な点は，これからの社会を見据えてどう変化していくかにあります。もしかしたら，地域や学校によって学びの形が違ってくるかもしれません。学校種も多様になるかもしれません。明らかなことは，先生の役割が少しずつ変化していくであろうということです。その変化の仕方は，現場で活躍される先生が何を考え，何を取り入れるかなど，その選択によって変わると思っています。それは，未来の子どもたちを学校現場で支えていくのは学校教員だからです。そのために，教員ばかりに負担を背負わせるのではなく，教育行政や地域社会が何をしていくべきか，どう関わっていくかも考えていくことが必要な時期だと思います。

これからの学校での学びを考える

(1)中央集権型と連邦制の教育行政

　日本の学校教育に関して，平たく言えば，内閣府で国の方針が出され，文部科学省の中央教育審議会の各部会や国立教育政策研究所などの機関において，具体的な施策が練られています。

　日本の公教育は，中央集権型の国である以上，そのようになっています。元々，国が地方自治体の教育行政に口を出すことは多くはありませんでしたが，昨今では，学校に裁量権をもたせていく傾向があり，外から見ていると学校独自の取り組みが，より自由になってきているように思います。一方，

連邦制を採っている国々は，州ごとに権限があるため，日本に比べて，元から学校にある程度権限があり，社会的ニーズや地域ニーズに合わせた取り組みや制度を導入しやすい文化がありました。教員の役割も日本とは大きく違い，教科を担当する先生はそれに専念し，課外活動等は別の先生や外部が行うことが多いようです。

　筆者が以前視察したベルリンにあるクロイツベルク地区の中等学校は，初等科（1〜6年生），中等科（7〜10年生），高等科（11〜13年生）で構成される「GemS」という総合学校，一貫校で児童生徒の在籍数は約1,200名でした。ドイツでも，一般的ではない学校種です。元々ドイツ国籍をもたない移民難民の子どもたちが多く通い，児童生徒の75%は，教科書等の教材を無償提供される生活困窮世帯の子どもたちであり，他にも，当時は84名の身体的精神的障がい（視覚障がいを除く）をもつ子どもたちも在籍し，クラスを分けることなく一緒に学ぶことを奨励していると説明を受けました。

　学ぶための前提条件がバラバラな子どもたちが，みんなで一緒に学ぶことに重きを置き，児童生徒が学校に合わせるのではなく，学校が，生徒に合わせることをベースとした，独自のインクルーシブ教育を展開していました。そこには，教員だけでなく保護者やドイツ独自の社会教育福祉士という専門家など，学校教育の運営に多くの人が関わっていることを知りました。

(2)センゲの「学習する組織」

　これからの学校での学びを考える，または，学校のあり方を考える際に，センゲの『学習する学校』[6]を参考にする方が多いのではないでしょうか。センゲの「学習する組織」の理論は，全世界に知れ渡り，議論の中心にあるのではないかと思います。

　「これからの学校の学びを考える」とは，簡単に答えを出せるわけでもなく，時間と実践を重ね，さらに考え，問い続けることだと思います。そのた

---

[6] ピーター・M・センゲ（2014）『学習する学校』英治出版

めに，自身の OS を更新することや独自の PDCA サイクルを習慣化させることをおすすめしてきました。

　ただ，それだけでは暗中模索となり，実際は何から始めればよいのかわからなくなってしまいます。すぐにできるアクションを提示させていただくと，まずは身近なことや疑問に思うこと，知らない世界や知識を探究することです。このアクションを始めてしまえば，自身の PDCA サイクルは自然と走り始めます。

　教員の皆さんの強みは，実はそこにあると思います。教員の方は全員ではないにせよ，職業柄，強い使命感を抱いて教員生活を送っていると思います。つまり，その強い使命感をうまく利用しさえすれば，また教えるということを日々実践していることを考えれば，教員同士の学び合いも，考えている以上に簡単なのかもしれません。実際に，学校や市町村を跨いだ教員の勉強会はたくさん存在しています。生涯学習社会における学習の主体者は，学校の先生から広がるのかもしれません。

▌学習者主体の学びへの転換

(1)自身が「For me」になっていないか，時としてチェックする

　学習者主体の学びへの転換という話に関わって，お伝えすることがあります。それは，外部の機関や地域と協働する際に，子どもの支援に熱心になればなるほど，その話し合いの中で，子どものための議論が，いつの間にか大人たちの都合の議論にすり替わってしまうことがあるということです。

　学校でもこのようなケースがあるのではないかと思います。学校教育でも，学校外の子どもに関わる支援でも，「誰のために」「何のために」議論しているのか，実施するのかに，気をつける必要があります。

　これだけをお伝えすると当然と思われると思いますし，日頃気をつけていると感じられていると思います。しかし，子どもたちを支援する側，特に職業として子どもたちに関わる人ほど，能動的であり，主体的に行動するため，

想いは子どもたちのためでも，結果的にそうではなくなってしまうという落とし穴があるのです。長年，教員をされてきた先生は，こうした経験を経て今があるのではないかと思います。また，若い先生は，「子どもたちのために努力しているのに…」と報われないことのモヤモヤを経験しているかもしれません。

　筆者が，学校教育のサポートや子どもたちの支援をしてきて学んだことは，自分たち支援する側（協働する教員も）が，「For me」になってしまうと，その授業や行事は，必ずうまくいきません。もしかしたら，その失敗にも気がつかないかもしれません。

　「For me」とは，「子どもたち児童生徒や支援される側のために」を「For you」と表現した場合に，いつのまにか自分たちの意図や伝えたいことを優先してしまう意識のことを意味する表現として使用しています。人間は，社会や人から切り離されたとき，つまりプライベートのときはたいてい「For me」で物事を考えているので，気をつけていたとしても，「For me」になっていることがあるのはむしろ自然なことです。

　だから，児童生徒を支援する際は，自身が「For me」になっていないか，時としてチェックする必要があるのです。

(2)教員全員で児童生徒主体の学びが実践できる環境づくりを

　しかし，教員個人がこうした意識をしていても，環境や文化，仕組みがそうでないと，学校組織となった場合にうまくいかないことや教員同士の意識の違いで困ることもあるのではないかと思います。ここに手をつけるとなると，学校全体として取り組む必要があり，校長のリーダーシップや，管理職，ミドルリーダーとなる先生を巻き込んだ大きな学校改善のプロジェクトになります。

　こうした学校改善をどのように進めればよいかという議論は，専門的な先生方がいらっしゃいますので，そちらを参考にしてもらえればと思いますが，一つの例として，前述したドイツの中等学校では，校則を生徒たちがつくる

など，学校のルールは基本的には生徒たちがつくり，決めるという文化をもっていました。生徒主体の学校づくりは，自分たちの学校という意識を高め，何をどのように学ぶかを自分たちで考える習慣が身につきます。先生や関わる大人の役割は，それをサポートすることだそうです。その中等学校は初めからそうした文化やルールをつくっていたわけではなく，校長先生が代わり，先生同士の話し合いでそういう学校にしていこうと決めたのです。

　簡単ではないですが，日本国内でも，何かのきっかけで新しいことを導入した，転換を図った学校はあると思います。そうしたきっかけに携わることがあるときは，その学校の教員全員で児童生徒主体の学びが実践できる環境づくりを考えられることを期待します。

(3)「主体的な18歳」とは

　「学習者主体の学び」とは何かに入る前に，本書の副題でもある「主体的な18歳」とはどういうことを意味しているのかについて触れておきます。「主体的」は，辞書やインターネットではよく，「やるべきことが決まっていないが，他から強制されるのではなく，状況に応じて自らの意志で行うさま」のような説明がされていると思います。詳しい辞書であれば，「他に強制されたり，盲従したり，また，衝動的に行ったりしないで，自分の意志，判断に基づいて行動するさま」のように載っています。

　「主体的な18歳」とは，自らの意志で（責任をもって）進路選択できる状態を指します。少し前であれば，当たり前のことのようにも思えることですが，多様化した時代，選択肢があまりにも多く，情報も溢れかえっています。今の子どもたちも大人も，あまりにも多くの情報に振り回されながら物事を選択，判断しています。大人であれば，ある程度判断基準が備わっていますが，判断基準が定まっていない子どもたちには，自身のことも決めづらい，判断しづらい，非常に困難な時代であると考えられます。

　こうした時代を見据えて文部科学省は，「主体的・対話的で深い学び」という言葉を使い，主体的学びを，

学ぶことに興味や関心を持ち，自己のキャリア形成の方向性と関連付けながら，見通しをもって粘り強く取り組み，自己の学習活動を振り返って次につなげる「主体的な学び」

と定義しているのではないでしょうか。

　「学習者主体」「子どもたち主体」の学びとは，何か。上述の定義から推測すると，これまでも学びの主役，学校の主役は子どもたちと考えられてきたかもしれませんが，これまでの「教える，教えられる」の関係に変化が起きていくことは明らかです。

　すべての子どもたちが，自ら学びを取りにいけるようになる，そして，自らの意志，判断に基づいて行動し，進路選択（キャリア選択）できるように育んでいくことがこれからの学校教育なのかもしれません。そのために，学校として学びの形，作戦を変更していくことが必要なのです。

▎学校教育に影響を与えた社会の危機的状況

　これまでも社会の変容に対応していくため学校教育は，変化を繰り返してきました。次の表は，昨今，学校が社会的変化や社会的要請によって変化が求められた代表的なものをまとめたものです。

学校教育に影響を与えた社会の危機的状況（出来事）

社会の危機的状況	学校への影響
1990年代半ば以降の長期不況	若年層における非正規雇用が激増し，「学校から職業への移行困難」問題が浮上した。子どもたちの学習意欲の低下，ネガティブ化が起こった。同時期に「学級崩壊」も起こった。教育改革と並行して学校では対応を求められた。

2004年　PISAショック	ゆとり教育から学力向上へと政策転換。2007年より全国学力・学習状況調査実施。政策変更により，学校運営の改善や育む能力の変更によって指導内容を変える必要性が生まれた。
2007年　不登校児童生徒数拡大	不登校になる理由は様々だが，不登校が増加したことによって，学校では，長期的に欠席の児童生徒には家庭訪問，スクールカウンセラーの配置，適応指導教室，フリースクールの接続などの対応が必要となった。
2008年　リーマンショック	解雇や雇用不安による経済格差が生まれ，子どもたちは「格差の連鎖」を継承してしまいやすいことから，学校は，対象となる子どもたち，特に学校の現場レベルでは「社会の絆」による対策が求められた。
2011年　東日本大震災	東北に限らず，防災教育の内容変更，実施が拡大された。また，教員による子どもたちへの責任について議論されるようになった。
2011年　大津いじめ自殺事件	この事件によって，2013年いじめ防止対策推進法が制定され，いじめへの対応と防止について学校や行政等の責務を規定された。
2015年　国連サミット「SDGs」	これまでユネスコスクールやESDなどの取り組みがあったが，持続可能な社会の実現や「誰一人取り残さない」など，SDGsが一般化されたことによって，授業などで取り入れる学校が増えた。
2015年　生活困窮者自立支援法施行（生活困窮世帯の拡大・表面化）	子どもの貧困対策は，福祉的な要素が強いが，学校教育においても，不登校対応，中退予防，ソーシャルワーカーの配置，給食費等の集金，進路指導対応，就学援助等の対応などが求められた。

学びの作戦変更へ

　近年，学校教育に変化が求められる場合，非常にネガティブな要請に起因することが多いです。今回の学びの作戦変更も教員にとっては社会的要請のようにも受け取れるため，ネガティブに捉えられる可能性があります。筆者は子どもたちの「学び」をつくるという視点に立って，ネガティブな受け取り方をせず，改めて自分たちは「どういう学校を，どういう学びを子どもたちと一緒につくっていくのか？」というように，ポジティブに捉えて進めていくことが非常に重要だと考えています。

　「また仕事が増える」「大変」と思われるのは確かです。実際にそうだと思います。画一的な授業ではなく，目の前の子どもたちに合わせた柔軟な授業や対応がより，いっそう求められると思います。先生が子どもたちのために授業の準備をする，確かにそうです。

　でも，これからは子どもたちと一緒に授業をつくると考えれば，先生だけで頑張る必要はないのです。子どもたちに合わせながら，できれば子どもたちが主導して，先生がサポートする。そのような授業づくりができると，本当によいと思います。

　当然，「教科の学びはどうするか？」という問題にもぶつかります。知識をつけることも大事ですが，子どもたちが自ら知識を増やす，問題を解くように仕向けることができれば，時間を使って丁寧に教え込む授業スタイルを取らずとも子どもたちは学んでいきます。素人考えと思われるかもしれませんし，PISA調査の結果が下がった場合，また，教える授業が奨励されるのではという懸念も生まれてくるでしょう。

　でも，日本の先生は一斉授業で教える技術があります。もし，全体的にある教科の理解度が低かったとしても，一斉授業のスタイルを使って集中的に理解できるようサポートすることができます。もしくは，ベテランの先生の手を借りることもよいかもしれません。

　学習指導要領の目指す理念を学校単位で，どのように実現，実施していく

かを考えていく機会です。いきなり多くのことを変えるのは，負担も大きいでしょうが，学校目標を実現するカリキュラム・マネジメントを全教員で考える，学校の学びの作戦を立てることから始めてみましょう。考え方や方法論は，たくさんありますが，どのようにしていくかに関わらず，「学び」の作戦変更の主体は子どもたちであることが前提になっていくと思います。

　これまでの授業のイメージについて，筆者なりに簡単にまとめてみたのが，次の表です。ポイントとして，どのようなものでもはじめに児童生徒など，子どもを主語にもってくると，自然と関係者の意識づけができるのでよいのではないかと思います。

「学び」の作戦変更（学校・先生の捉え方変更）

これまでの学び

知識の取得が目的（学力向上）	授業とは，知識を得る，正しい方法を知る	活動（総合等）とは，知識を正しく使えるよう体験・経験する	正解がある（共通の与えられた答えがある）

これからの学び

子どもたちが，学んだ知識やスキルを実際に使ってみる，自身のキャリアとつなげる	子どもたちにとって，授業は，視点を得る，視座を高めるためのもの	子どもたちの学校での学びは，挑戦と失敗を通して，自分のものにすること	子どもたちが，自ら答えを描き（導き）出す（自分の内省からの答え）

03

これまでの経験を活かす

▌自らの意志で選択し，挑戦し続けた結果得るもの

　よく言われていることを最後にまとめとして，お伝えさせていただこうと思います。学習は難しくて当たり前であり，精神的苦痛を伴うこともあります。スポーツ選手など才能がどうしても必要な分野はあるかもしれませんが，生きていくために必要な一般的な知識や技能は，諦めなければ学習することで身につけていくことができます。それは子どもも大人も同じだと思います。それ以上を求める場合は，それに見合う努力を重ねていくことです。

　野球部の高校生が，本気で甲子園を目指しているとします。その高校生は，甲子園に行けるかどうか，保証はなくとも必死で部活動に取り組みます。結果として，甲子園に行けるのであれば，それ以上の結果はないでしょうが，甲子園を目指す多くの高校球児が，甲子園に行けない事実を知っています。

　では，甲子園に行ける確率が高くないのにも関わらず，その高校生が必死に部活動に取り組むのはなぜでしょうか。自分の努力が報われるか報われないかは結果であり，その結果が出るよう必死に人は努力します。

　しかし，その多くは報われない結果の可能性が高い。自らの意志で選択し，挑戦し続けた結果得るものとは，甲子園への切符とは限らないですが，その努力した経験，仲間と汗をかいた経験は残ります。そうした経験をキャリアや将来に結びつけていくことが，これからの教育のあり方の一つだと考えています。教える側の先生もそうした経験が必ずあったと思います。

　そうした経験を活かし，これからも子どもたちと一緒に学び合い，挑戦していくことが，学習者主体の学びの作戦変更の土台となっていきます。

これからの経験を未来につなぐ

　IT技術の発展に伴い，これからの社会的変化は，必ずデータとして蓄積されていきます。歴史上の人物が，古い文献記述を参考にこうだった，ああだったというような表現をされてきましたが，今後は，かなり明確に後世に残っていくことが確実だと考えてよいでしょう。これから先生が，変化を起こしていく，その学校の教育のあり方を考えていく作業は，その学校の未来の礎を築いていくことになります。

　未来は誰も予測できませんが，いま，子どもたちを取り巻く環境は複雑で，深刻化する一歩手前まで来ています。生活困窮家庭の子どもたち，外国籍の子どもたち，障がいをもつ子どもたちなど，その子どもたちが，教育格差を感じることなく，課題を乗り越えて，その子らしい生活や人生が送れるように，どのように対応していくか問われている時代です。

　もちろん，学校だけで取り組むべき課題ではありません。国全体として，取り組むべきことです。Chapter 1の高橋先生のような子ども健全育成支援員など，行政の福祉部局や子育て支援団体，学習支援団体，多文化共生支援団体などの地域コミュニティ，保護者と協力し合いながら地域全体で取り組んでいくべきことです。これから，学校は少なからず，必ず変化していきます。

　その変化への対応経験が，さらにその先の未来をつくっていきます。これからの教員経験を未来の教員，未来の子どもたちにつなげていきましょう。

（山本和男）

04

学園祭を学校・学級づくり
の装置とする

　安城学園高等学校に赴任して38年間，筆者は本年度で定年を迎えますが，ここ10年ほどの出来事を振り返り，学校や学級のビジョンを探っていきたいと思います。

　学園祭や学校行事の充実は，学級や学校への帰属意識を高める最大の装置です。毎年実施される生徒アンケート分析でも，「この学校に入ってよかった」と答えた回答の数値を押し上げます。その理由の上位の「よい友達に恵まれたから」もこれに連動します。

　そこに確信をもって，学園祭や学校行事に力を入れて学級づくりをする担任は少なくありません。ここでは，筆者が担任した過去の２つのクラス企画を紹介します。

■ さくら並木プロジェクト～2011年度　商業２年１組学園祭～

　2011年，久しぶりの担任。50代ともなると，やっていて楽しく，担任も個性を発揮しながら生徒と絡める内容でないと，体が動きません。

　この年は，学校創立100周年。１学期早々から企画を練ります。６月，リーダー会で「どんな学園祭にするか～10か条～」を話し合います。

　企画は「100年後の桜の木のシンボルづくり」「ワシントン桜100周年記念切手貼り絵」「ワシントン桜100周年＆ハナミズキの調査研究」「桜基金づくり～ミニ桜200鉢～」「さくら並木プロジェクト＆被災地の調査研究」（特定非営利活動法人さくら並木ネットワーク）と決まります。

　　　　　－どんな学園祭にするか～10か条～－

①ビッグサイズあるいは作業が緻密で，来場者を圧倒させる企画

②シンボルをつくり，見る人を圧倒し，写真を撮る人が絶えない企画～ディスプ
　レイにこだわり，インパクトを与える

③社会性があり，人々の関心を集める企画

④口コミで人が集まり，話題になる企画～加熱していくとマスコミ取材を受ける

⑤家族や友達を誘いたくなる企画～誘えないような中途半端な企画はむなしい

⑥自らも興味や関心のもてる企画～どんどん発想が広がり，深まりがある

⑦現地に出かけたり，取材したり，弟子入りしたりして，人とつながる企画

⑧作業は大変だけど，達成感が味わえ，やってよかったと思える企画～中途半端
　な努力は疲れる

⑨絆を広げ，深まる企画～作業を通じ，普段話さない友達と話すきっかけができ，
　交流できる

⑩親にも理解，協力してもらえる企画

　「日本がワシントンに桜を贈って100周年」と被災地の津波到達地点に桜を
植える「さくら並木プロジェクト」が結びついた企画は，社会性もあるので，
生徒も乗ります。教室が手作りの桜で溢れ返り，何人もの桜職人が誕生しま
す。桜の木の下で授業を受けるなど，話題にもなります。学級懇談会で，リ
ーダーが父母に講習会を開き，桜の枝や鉢を一緒につくってもらいます。

　近くの100円ショップに，ピンク色の和紙がなくなって困っていることを
告げると，参加してくれた複数の父母が100円ショップを何軒も回ってくれ
ます。「買いました」「ここにもありました」「また買いました」と次々にメ
ールが入り，その日のうちに予定を超える30本以上の桜がそろいます。

　内職の感覚で，子どもに材料を持ち帰らせて，塗られた竹ぼうきの枝に一
つひとつ桜の花をつけ，自分の感性にうっとりしながら「またできました」
と夜中にメールが入ります。学園祭当日は桜並木を再現し，桜ミニ鉢200鉢

を販売しました。この桜ミニ鉢により得られた収益で，桜の木1本を贈ることができます。本校が贈った桜も，岩手県釜石市常楽寺に100年後に津波到達地点を伝えるために植えられています。「TUNAMI 2011.3.11 安城学園高校 商業2年1組学園祭」と桜の木の根元のプレートに刻まれています。生徒からは「先生，一緒に桜を見に行きましょう」という話も持ち上がります。

桜ミニ鉢200鉢，見事に完売

次は，職人と呼ばれた男子生徒の感想です。

みんないたからこそ，学園祭当日までに，すべての作業が間に合いました。作業は多かったですが，達成感がわいて，気持ちよかったです。この経験をもとに，いろいろなことを精一杯頑張っていきたいです。作業も達成感も賞も努力も基金目標達成もよき思い出です。この素晴らしい学園祭は大切な一生の思い出です。みんな，ありがとう。

各々が個性を発揮し，お互いの個性が認められると，クラスが居場所になり，成功体験が自己肯定感を高めていきます。

閉会式後の教室　鳴り止まない拍手

　本企画は，学園祭閉会式で特別賞を受賞。トロフィーを手にした学級長が教室に戻ると，拍手が鳴り止まず，お互いの健闘を称え合います。片づけを忘れ，大勢の生徒が次々に語ります。笑いあり，涙あり，語りの連鎖になります。印象に残る光景でした。終了式で制作したDVD「Good-bye 商業2年1組」を観た父母から，何度も観ている，選曲が最高，思い出に残るなどの高評価を得て，その後，筆者は動画づくりにはまることになります。

　夏休み前に『高校生が「希望の花」を咲かせる瞬間―今，「希望の物語」を，この愛知から―』と題して，担当教員に授業を依頼します。8ページにわたり，東北の歴史的背景から，愛知の高校生のボランティアや現地の人との関わり，つながり，そして，桜を贈ることの意味までを話してもらいましたが，この学習会が大きな下地をつくります。

　毎年，春になると，被災地に桜が咲くのでしょう。

　きっと，「被災地」とよばれなくなっても，咲くのでしょう。

　でも，津波は，何百年に一度，やってきます。

　いつかわからない未来のそのとき，

　「あの桜の木まで逃げろ！」って叫んでいる声が聞こえませんか。

　毎年，春に東北の人びとを喜ばせる桜の木の下で，

　ずっとずっと未来の人たちが安心している姿が見えませんか。

　きっと，あなたがもういなくなったこの地球上に，

　あなたへの感謝の言葉が生まれるかもしれません。

　「この…あんじょう？　がくえん，しょうぎょう2年1…組？」

　「この人たちのおかげで助かった…。ありがとう」

　…まだ見ぬ未来に，希望の花を咲かせよう，なんて。

　私は，皆さんの取り組みに，大いに敬意を表します。

▋最大瞬間風速が続いています〜2013年度　商業2年1組学園祭〜

　2013年の学園祭では，「一秒の世界」にクラス企画が決定しました。様々な分野での一秒の変化を調査。話題となるシンボルをつくろうと，リーダー会で論議を重ね，速さの象徴F1カーが浮上。フェラーリ，実物大，乗車できるもの，レーシングクイーンなど，話が盛り上がります。

　さっそく自動車解体業者からハンドル，シートベルト，ミラー，メーターを入手。生徒から「家にあるタイヤを，お母さんが持っていってもいいよと言っている」との情報。フェラーリがアルミホイルで輝きを増します。話題を聞きつけ，教員からフェラーリの帽子，イタリアのフェラーリショップで購入したジャケット，生徒の親から赤のサングラスなどのグッズが集まり，生徒以上に担任は興奮します。休日返上で骨格を組み立て，自然な流線型のフォルムができあがると，「何時間眺めていても飽きない」とみんなで感慨にふけることもしばしば。しかし，完成の目途は立ちません。

　学園祭前日午後6時過ぎ頃からグループの作業が終わり，大勢の生徒が合流。隣のクラス担任が「商業1組はずっと最大瞬間風速が続いていますよ」と，結集力の高さを表現します。午後8時に完成。

前夜午後8時に完成したフェラーリ

拍手が一斉に起こり，記念撮影，三本締めと印象深い完成式でした。完成した瞬間の光景，前夜や当日大勢の教員や卒業生が試乗にかけつけてくれたことで，疲れは吹っ飛びます。地元県会議員も笑顔で乗車する一コマもありました。

学園祭は課題を見つけ，課題づくりを学ぶ最高の装置

　学園祭には様々な要素が詰まっています。絶好の学習の場です。

　内容を決める前に「自分たちのクラスはどんなクラスなのか」「学園祭後に，どんなクラスになっているとよいか」「リーダーとは何か」「居場所とは何か」など，担任も様々な工夫を凝らし，リーダー会やクラスで基礎討論をしながら，土台づくりをしていきます。こういった基礎討論が，足腰を強くします。

　当然のことながら，準備の過程には様々な困難が待ち構えています。モチベーション，やる気のスイッチが入る瞬間もそれぞれ違います。そこで試されるのが担任やリーダー会の姿勢になります。課題は何か，課題をどう解決するか。課題解決に知恵を絞り，諦めずに何度も話し合う中に，多くの成功の鍵は隠されています。クラスやクラスメイトをどう見ているかという，観察力や組織感性も問われます。答えは一つとは限りません。

　学園祭などの大イベントは，様々な努力や苦労があるからこそ，達成感や充実感も半端なものではありません。時には「学園祭は一生の宝物です」という生徒も現れます。学園祭でオープニングステージを飾ったときに，印象に残る生徒の感想に「ダンスが苦手な私にリーダー会の人たちが，最後まで私を見捨てずに教えてくれたことが一番嬉しかった」というものがありました。リーダー会の温かな眼差しが生み出したものです。

　このように学園祭には，目から鱗が落ちる瞬間が何度もあります。学園祭は，子どもだけでなく，大人にとっても，こうした様々な視点や関係づくり，つながりを学ぶ最高の装置となり得るのです。

05

出会いが感動と関係を生み出す

▌「福島ひまわり里親プロジェクト」との出会い

　2017年度に担任した商業科2年1組は「いつも明るく，元気に」という思いで，級訓を「ひまわり」としています。

　6月の体育祭で，まさかの最下位になった際も，準優勝の隣のクラスを心から祝福する生徒たち。翌朝の学級通信の見出しは，「優勝カップはとった（撮った）」。事前に優勝カップを撮影していたことが，役立ちます。体育祭を楽しんだから，よかったと生徒たちは級訓通りに振る舞います。しかし，「このままでは終われない。学園祭でリベンジしたい」と。学園祭の内容を「ひまわり」に決め，早々に取り組みます。こうして「福島ひまわり里親プロジェクト」と出会います。

級訓がデザインされた学級旗

　「福島ひまわり里親プロジェクト」は，東日本大震災直後から始まります。福島からひまわりの種を購入して里親になり，ひまわりを育て，収穫した種を送り返します。その種は福島県の随所に植えられ，観光に役立てられます。種の送付や届いた種の仕分けが，事業所の雇用を生み出します。多くの学校や団体の里親が地域とつながり，教育や組織の活性化に結びつきます。種から採取された油は，バス燃料にもなります。

こうした連携が復興につながればと，全国に広がっています。里親が福島を励まそうと始めるのですが，実は自らが励まされていることに気づかされます。これがこの取り組みの面白さ，本質だと思います。集団で出し合うアイデア，主体者や組織を広げる工夫，情熱やこだわり，何よりも福島の現状とつながることで，見えてくるものがあります。

■ 相乗効果を生む「感動」と「関係」

　7月，取り寄せた種は2,000円分の331粒。リーダー会で各家庭への依頼書をつくり，種3粒と合わせて配布，学校でも栽培。暑い時期の水やりや二度の台風の影響で，苦労します。

　夏休みの水やりは，お盆も率先して引き受けてくれる男子生徒のおかげで，全員の分担ができあがります。一肌脱いでくれる生徒が現れると，活躍する生徒の輪は広がっていくものです。

　最終的に，331粒の約58倍の19,394粒を収穫します。家庭から返ってきた種は約3分の1。一番多く収穫した家庭は，3粒の約1,300倍の3,910粒。祖父母の力を借り，畑で栽培されたそうです。「芽が出ました」「久しぶりにひまわりを育て，親子の会話が増えました」など，父母の方から届く写真つきのメッセージが，生徒たちを励まします。

　種をきれいに選別し，一つひとつ数えることもリーダー会の役割です。本来は数える必要はありませんが，数えることでゲーム感覚も生まれます。スケールの大きなもの，緻密な作品，膨大な時間を要するものは人を感動させます。こういったことが，生徒たちの達成感や組織感性を磨いていくことにつながります。

学校で育てられたひまわり

　「感動」と「関係」は相互に絡み合い，相乗効果を生んでいくのです。

■「セレモニーづくり」がリーダー会の組織を強化

－ひまわり学園祭内容－

① 福島ひまわり里親プロジェクト

② ゴッホ『ひまわり』

③ フェリーさんふらわあ

④ 気象衛星ひまわり

⑤ 野原ひまわり（クレヨンしんちゃん）

⑥ ひまわりコンサート　♪ ひまわり（葉加瀬太郎さん）

　　　　　　　　　　　♪ ひまわりの約束（秦基博さん）

　　　　　　　　　　ピアノ・ヴァイオリン・ギター演奏

⑦ インスタ映えする「ひまわり畑」

「福島ひまわり里親プロジェクト」を知ってもらうことはもちろんですが，高校生らしい発想も必要です。学園祭に向けリーダー会やクラスで「ひまわり」から連想されるものを話し合います。

生徒のアイデアは実にユニークで，堅苦しい調査研究がワクワクするものへと変化していきます。

ゴッホに『ひまわり』という絵画作品がありますが，和紙を使ってこれをつくります。和紙は，「ちぎり絵」をやっている生徒のおばあさんのアイデアです。「フェリーさんふらわあ」は骨格を角材で組み，美しいフォルムに仕上がります。担当女子生徒は愛着がわき，「全米も泣いた」と感涙します。このアイデアが調査研究部門優秀賞を受賞し，生徒たちは体育祭のリベンジを果たしたことに大喜びします。しかし，ここから先にドラマは待っています。

種を乾燥させ，送付したのは，年明けの2018年1月末。しばらくして「チームふくしま」[7]の半田真仁理事長から電話が入ります。「6月に東郷青児記

---

[7] 「福島ひまわり里親プロジェクト」運営団体

念損保ジャパン日本興亜（現 SOMPO）美術館所蔵ゴッホ『ひまわり』の前で，ひまわりの種を植えませんか」[8]という誘いです。種に添えた写真が目に留まったらしいのです。「学園祭の取り組みが僕たちにはない発想で，面白い。生徒の皆さんの本気も伝わってきます」と，来校して直接，クラスに感謝状を贈呈したいという話になります。

　さっそく，リーダー会で「歓迎セレモニー」を考案します。アイデアを出し合うことや役割分担がリーダー会の組織づくりになります。セレモニーに，半田さんは感激しきり。数日後，福島で開かれた理事会でも話題になり，今回の取り組みをまとめたビデオを鑑賞したメンバーが涕涙したことを聞きます。ビデオは「ひまわり甲子園全国大会2018」でも上映されました。

歓迎セレモニー・記念撮影

－歓迎セレモニー

① 開会あいさつ

② ♪ ひまわり（葉加瀬太郎さん）　ピアノと弦の四重奏（弦楽部協力）

③ 「取り組みビデオ」上映

④ 感謝状贈呈（「チームふくしま」から）

⑤ 感謝状贈呈（商業2年1組から）

⑥ 記念品盾贈呈

⑦ 三本締め

⑧ 記念撮影

> 全国最優秀 NPO 法人
> チームふくしま 殿
> 安城学園高校
> 商業2年1組推薦

---

[8] 「損害保険ジャパン日本興亜（現損害保険ジャパン）株式会社」と「チームふくしま」コラボ企画

「商業２年１組」から「特別常任委員会」にリレーされる

この出会いやつながりを終わらせるわけにはいかないと，ひまわりの企画は2018年度から生徒会に引き継がれます。代議員で構成される特別常任委員会が中心的役割を担い，全校へ広げます。学校での栽培，家庭への種の配布，種の仕分け作業などを分担します。各クラスに，種５粒の入った手作り封筒セットが配布され，代議員が協力を呼びかけます。

特別常任委員会で種の封筒詰め

旧商業２年１組のメンバーは６月，東京新宿にある当時の「東郷青児記念損保ジャパン日本興亜美術館」で開催された「ひまわり種植え」企画に参加しました。そこで以前寄贈したゴッホ『ひまわり』のちぎり絵と再会します。わざわざ，福島からトラックで東京まで運んでくれていたのです。８月には，「ひまわり甲子園・中部大会」に参加。翌年３月，福島で開催される「ひまわり甲子園全国大会2019」出場へとつながります。

06

価値を高め，外とつながる

▌現地へ足を運ぶことで質的転換が起きる

　2018年8月，生徒会と学園祭実行委員会の生徒6名は，毎年訪れている岩手県立大船渡東高等学校との交流後，福島県を訪ねました。現地を訪れることで，その後，驚くほどの質的な変化が生まれます。

　生徒たちは台風の影響が心配される中，半日かけて福島県田村市に移動し，佐久間辰一先生[9]宅で合流します。佐久間先生は農業高校を退職後，地元で農業を営みながら，「牧野ひまわり畑」をはじめ，地域活性化のため様々な取り組みをしている「チームふくしま」のメンバーの一人です。

佐久間辰一先生に色紙を贈る

---

[9]　福島県初の優秀教職員（文部科学大臣表彰）を受賞。絵本『ぼくのひまわりおじさん』（文屋出版社）の題材になる。

近所の人も参加するバーベキュー会場で，震災時やその後の生活の様子を聞きます。田村市は福島第一原発に近い町で，一部帰還困難区域になっていました。佐久間先生の自宅の壁は，宿泊などでお世話になった全国の人たちからのお礼の手紙や色紙で埋め尽くされ，玄関にはゴッホ『ひまわり』のちぎり絵が運ばれています。居間には手作りの歓迎の看板があり，みんな心をつかまれます。「飲（ノ）ミュニケーション」「人は人のために生きてこそ，人である」は，佐久間語録です。翌朝，お礼の色紙を渡し，佐久間先生宅を後にし，「コミュタン福島」で原発や放射能を学び，安達太良山を望む二本松市にある「特定非営利活動法人和」が運営している「なごみ」[10]就労継続支援Ｂ型事業所を見学します。

▌ 一人の生き様から　福島・原発がローカライズ（現地化）

　福島市に到着後，「チームふくしま」の半田さんと合流し，「なごみ」事業所の山口祐次さんから次のような震災直後からの話を聞きます。

－ある福島県人のはなし－
①　震災当日の会社の様子
②　仕事先から帰宅までの光景
③　荷物を詰めて避難するまでの決断
④　避難移動中の町・避難所の様子
⑤　戻れない家に　一時帰宅したときの心境
⑥　家族を残して単身赴任に　出かける前夜の会話

　情景が目に浮かび，心境の変化がわかる話の内容です。単身赴任先から一時帰宅し，下校途中の娘さんと再会する話はみんな涙が止まりません。話を聞いた日の午前，山口さんは住み慣れた自宅を取り壊す決断をしていました。

---

[10]　「なごみ」事業所は震災後に仕事が激減し，「チームふくしま」から種の送付や受け入れの仕事の依頼を受ける。

講演資料をもらい，まとめた映像を夏休みの学園祭実行委員会合宿で紹介します。現地を訪れたことで学びが深くなり，次々にアイデアが生まれます。シンパシー（同情）からエンパシー（共感）へ変化していきます。

山口祐次さんの話を聞き終えた後も交流が続く

　2018年9月，学園祭テーマが「新歩～希望の花が咲く道を～」に決まります。東北を目の当たりにした背景がにじみ出ます。全校生徒がメッセージを花びらに書き，「ひまわりロード」がつくられます。ひまわりの里親のテーマは「遠くに離れていてもできる」「遠く離れた場所に思いを馳せる」です。しかし，当然，現地に足を運ばなければわからないことも多く，貴重な経験ができたことは，ありがたいことです。何よりも生徒たちが伝える材料を得て，伝えたいという気持ちをもったことが収穫です。私たち教師にとって，生徒たちが主体者に変化するいくつもの瞬間に立ち会うことができることは，何よりの喜びです。

　生徒たちの言動が，学園祭の方向性や学校の進むべき道を照らします。

ひまわりロード（通路の両サイドに装飾される）

07
点は打ち続けると線になる

▌「ひまわりバルーンリリース200」～山梨に届く希望の種～

　2018年10月27日，本校を会場に，私学助成拡充を訴える「安城オータムフェスティバル」が開催されます。「ひまわりバルーンリリース200」を企画し，風船にひまわりの種５粒をつけて200個の風船と合計1,000粒の種を空へ放ちます。

ひまわりバルーンリリース200

　その一つが山梨に届き，乙黒早苗さんからメールが届きます。

　10月31日，貴校からのひまわりの種が，うちの庭に降り立ちました。200分の１の確率で我が家に来てくれた５粒の種。未だ震災の傷から癒えない福島の現状を，若い高校生が気にかけていることを，とてもうれ

しく思います。来年大切に育て，種をお届けしようと思っております。山梨一宮の地に着陸してくれたひまわりの種と，あなたたち若いパワーにエールを送ります。青空に放った色とりどりの風船が希望を運ぶ象徴となり，未来ある若者たちがこれから生きやすく，平和で安全な世の中であるように願ってやみません。

あてにし　あてにされる関係

「安城オータムフェスティバル」では，福島から「なごみ」事業所の山口さんを招き，講座やステージ企画の出演を依頼します。夏休みに話を聞いた生徒たちとも，うれしい再会があります。山口さんも中心を担っていた会社の再建はならず，今は富岡町から郡山市へ拠点を移し，人と人をつなげる会社を新たに立ち上げています。

山口さんの座右の銘は「ご縁に感謝」。「チームふくしま」は，お互いに無理が言えて，無理を聞ける関係性があります。無理を実現し，相手の喜びが自身の喜びになる，まさに「忘己利他」「あてにし　あてにされる関係」です。異業種の人たちが集まり，企画運営されている「チームふくしま」が，全国に刺激を与え続けます。

さらに，「フラガール甲子園」で優勝した福島県立湯本高等学校フラダンス部が，華を添えます。生徒たちが福島を身近に感じる学習の機会となります。こうした「学習」と「情宣」が，活動継続の鍵になります。

乙黒早苗さんのひまわり畑

福島第一原発事故，台風19号　二度の被災

　2019年８月，筆者は定年を一緒に迎える同僚の先生と福島を訪れました。山口さんの紹介で，陶正徳（すえ）さんと出会います。

　陶さんは，原発事故の影響で帰還困難区域になっている浪江町から郡山市に拠点を移しています。大堀相馬焼の伝統を守るため，自宅横の１階に工房を構え，２階で作品を販売しています。

　筆者は「安城オータムフェスティバル」での出品を依頼し，10月上旬，約30点の作品が届きました。しかしその直後，福島を台風19号が襲います。阿武隈川が氾濫し，自宅や工房も床上浸水。再び，被災します。

　10月，「安城オータムフェスティバル」では，陶さんの状況を知った父母の協力もあり，作品は無事完売。義援金を送ります。

　他にも福島を忘れないための企画が用意されます。

　「アクアマリンふくしま」村山祐子さんからは，震災で展示生物９割を失いながら，わずか126日で再開したチーム力，環境にこだわる展示の思いを，また，「チームふくしま」清野巽さんと堀内孝勇さんからは，「今日を生ききる～守るべき人・守るべき心～震災を通して」と題した話を聞きました。

　堀内さんは「まずは守るべき人，心を大切にし，一歩一歩前へ進むことが大切。たくさんの悲しみや不安も感じたが，たくさんの優しさ，うれしさ，日々への感謝にも出会えた。やれることをやりきり，一つでも多くの笑顔と喜びに出会えるよう，今日を生ききります」と語ります。

陶正徳さん（陶徳窯にて）

わずか一日で義援金を集める瞬発力の背景

　生徒会では「チームふくしま」が，台風19号義援金窓口になっていることを知り，一日募金を全校に呼びかけます。たった一日で7万円を集め，翌日，手渡します。体育館で，堀内さんに福島の現状を報告してもらいます。「継続している日常の取り組み」「学習」「情宣」が，この瞬発力を生んでいるのだと感じます。点は打ち続けると線になります。

　2年連続参加予定の福島県立湯本高等学校フラダンス部は，被災した部員の家庭もあり，直前に出演を断念します。浄水場水没，断水，床上浸水など事態は深刻です。支出する予定だった一部を送金します。同校から家庭科部が制作したフラワーボトルがお礼で届き，全教室に飾られます。以前，手渡したひまわりの種も，校舎横で育てられています。

フラワーボトル

「ひまわりの種贈呈式」で希望の種がリレー

　「ひまわりの種贈呈式」で，村山さん，堀内さん，清野さんにボトルを渡します。中身は「オータムフェスティバル」直前に山梨県の乙黒さんから届いた種です。一年前，安城から山梨に届いた種が安城に戻り，福島にリレーされます。実は，最初に届いた種は害虫の被害に遭い，枯れてしまいますが，追加で送った種で，見事なひまわり畑ができあがったというエピソードもあります。

ひまわりの種贈呈式

学校の進むべき道を照らす生徒たちの言動

2020年3月,「ひまわり甲子園全国大会2020」に, 当時2年生と1年生の生徒が参加予定でしたが, 新型コロナウイルス感染症の影響で延期になります。以下は, そこで発表される予定だった原稿の一部です。

震災から9年。今なお「風評」と「風化」と闘っている福島の姿があります。私たちは,「遠くに離れていてもできる」こと,「遠く離れた場所に思いを馳せる」ことをテーマに活動に取り組んでいます。

私の母が勤める保育園や系列幼稚園にも協力を求め, 応えてもらいました。母に頼もうと思ったのも昨年「ひまわり甲子園全国大会」に参加し, 多くの取り組みを聞き, 刺激を受けたからです。思いはつながってくものだと実感しました。

昨年6月, 特別常任委員会で, 地元の「デンパーク（産業文化公園)」を訪ね, 担当の神谷恵作さんと川合政利さんに対応していただき, 2020年夏,「ひまわり畑」をつくってもらえるこ

デンパークでの打ち合わせ

とになりました。趣旨を理解していただき,「一緒に植え, 一緒に開花を楽しみ, 一緒に種を収穫する」ことが約束されました。通常は枯れた草花はすぐに植え替えられますが, 種の収穫が目的なので, 来場者に伝わるように, 看板の設営も了解していただきました。昨年の夏には, 来場者の方に「ひまわりの種」を配布させてもらいました。どんな花壇ができるか, 今から楽しみです。

福島に出かけた卒業生は,
「学ぶことによって, 新たな疑問が生まれた。今まで他人事のように感

じていたことをジブンゴトと考え，もっと知りたいと思うようになった。学ぶことは個人の問題だけでなく，社会全体に関わってくることです。安城学園は素敵な学びができる学校だと思います」
と語りました。

　また，昨年一緒に全国大会に参加した卒業生は，
「私は自主活動を通じて，誰かに尊敬される人になりたい。自分の行動で，誰かの心を動かしたい。そう思いながら，挑戦していきたいです」
と語りました。

　私たちも多くの先輩たちが見た東北，感じてきた東北を知り，活動を広げ，今年も様々なことに挑戦し，つながっていきたいと思います。そして，たくさんの「ひまわり」が，人の心を温かく包むことを願っています。福島や東北を感じながら，「自分らしく生きる社会をつくっていきたい」と思います。

　こうした様々なことに挑戦できるのは，本校では多くの人が実際に東北に出かけ，様々な人と交流し，伝えてきた背景があるからです。2011年8月の「大船渡盛町七夕まつりボランティア」から始まり，生徒会，教科セミナー，数々のクラブがボランティア，演奏，フィールドワークに出かけています。今も毎年出かけているクラブもあります。多くの人が「周りの人に伝えていくことが大切だ」と感じて，帰ってきます。

　私は1年の後期からこの活動に関わり，一歩踏み出せば，自分の知らない世界が広がっていて，たくさんの人とつながることで，物事の見方，人の見方などが変わることを実感しました。「ひまわり」という一つのシンボルで，みんながつながり，この活動が広がることで，知ってもらえることをうれしく思います。これからも多くの人に「ひまわり」や「福島」のことを発信していきたいです。いつまでも「ひまわり」を通して，「福島」「被災地」「遠く離れた場所」のことを考え続ける安城学園でいたいです。

┃「希望の花が咲く道」

　「福島ひまわり里親プロジェクト」は特別な規制がなく，里親が自由に発想できる点も魅力です。「ひまわり甲子園全国大会2019」では，地域の拠点となって多くの団体とつながり交流を広げたり，防災教育と結びつけたり，社会貢献活動を通じて従業員のモチベーションアップにつながる例などの報告を聞きます。まだまだ学ぶべき点，発想を広げられる点，工夫すべき点，関係を広げられる点が多く存在します。本校はそれらを考え，行動し，実現できる母体「特別常任委員会」があることが強みです。

　2020年夏，デンパークで120本のひまわりの花が見事に咲き誇ります。

デンパーク除草後（左）川合政利さん

　5月，種植えはコロナ禍で休校中のため，教員4人で出かけます。事前にポットが用意され，福島から取り寄せた種と山梨から届いた乙黒さんの種を植えます。途中の管理はすべて，川合さんらデンパーク職員の方たちに委ねます。川合さんからは時折，成長を伝える写真入りのメールが届きます。

６月，生徒たちと苗120本を移植。７月，除草，花を楽しみます。８月，種の収穫。工夫を凝らした特設看板も設置されます。感謝しかありません。

　中心で活動してきた生徒は大学進学後も，「被災地のことを考え続けたい」と言います。彼女たちが闘っている一つは，無関心の壁です。この壁を壊すために様々な方法やアプローチで様々な内容に挑んでいます。登山道は無数に存在します。

　こうした生徒たちの言動が私たち教師を励まし続け，学校の方向性を明るく照らします。私たち教師は，こういった生徒の言動に敏感でなければなりません。こういった様々な場所を用意しなければいけません。そして，その場を楽しみ，感動を共有し，協同していくところに学校の進むべき道・希望の花が咲く道が開かれるものです。これからも学外とつながることで，より福島（遠く離れた場所）を感じていきたいと思います。

08

社会問題と向き合う〜学園祭テーマ企画〜

▍「変える未来，変わる未来〜今，自分に出来ること〜」

　学園祭一般公開日には，例年90分前後のテーマ企画を開催します。社会的な問題を軸に足元の問題をジブンゴトと捉え，シンポジウムを展開。2017年6月，7人の実行委員が集まり，「憲法と共謀罪」を取り上げました。

　中間発表では内容がわかりづらいと厳しい意見が相次ぎ，結果的に「憲法9条」に絞ります。「ゲストに専門家を呼ぶ」「池上彰さんのようなコメンテーターを置く」「改憲派と護憲派のバトル」「全校模擬国民投票」「地歴公民科に憲法9条の授業を依頼する」といった具体策で，難題を打破していきます。「変える未来，変わる未来〜今，自分に出来ること〜」と題したシンポジウム当日，司会者は「現状を知り，自分にできることは何かを考えて，自分の意見をもち，思いをもった投票をしてほしい」と切り出します。大日本帝国憲法と現日本国憲法，三大原則，憲法と法律の違い，立憲主義を解説する「憲法クイズ」や放送部の「憲法紙芝居」朗読があり，集団的自衛権，憲法96条，2012年自民党憲法改正草案，改憲の流れなどを解説します。

▍「改憲派 vs 護憲派」バトル

　改憲派と護憲派で討論をする企画では，事前に全クラスで，地歴公民科「憲法9条事前授業」が実施されます。授業の導入には，教師制作の動画が使われます。動画の改憲派，護憲派の尺は秒単位まで揃えられています。

　「改憲派 vs 護憲派」バトル本番。改憲派の教師は，夏休みに帰省した沖

縄で96歳の曾祖母に沖縄戦の聞き取りをした生徒の話を受けて，「二度と戦争は起こしてはいけないという立場で話したい」と切り出し，「日本を主権国家にふさわしい国にするために憲法改正が必要」「時代の要請に即する」として，改憲を猛烈にアピール。積極的平和主義として，自衛隊，国際貢献を言葉巧みに解説します。

護憲派ゲスト小谷成美弁護士[11]（神戸市）は「国防軍の創設，憲法9条改正に反対する」と反論。大日本帝国憲法下での大戦，集団的自衛権，9条と自衛隊，軍事費などを熱弁。「改正では戦争放棄は残されているが，戦力の不保持

小谷成美弁護士

や交戦権の否認が切り捨てられている」「現在の国際情勢には外交と専守防衛で対応していくべきだ」と力説します。次に，憲法改正に必要な手順や最終的に国民投票で決まることを伝えます。最後に「18歳に選挙権が引き下げられ，242万人の有権者が増えましたが，憲法改正を含め，よく知りよく考えた投票を期待します」と締めくくります。

こうした協力や取り組みの数々が意思をもった投票に結びつきます。

▌模擬国民投票

大勢が関心をもち，参加できるための装置が「模擬国民投票」になります。投票日は学園祭当日2日間と期日前投票を1日設けます。入場券には有権者名（生徒名）も記載すると，生徒も喜びます。

---

[11] 「明日の自由を守る若手弁護士の会」に所属。「憲法カフェ」や講演を通して，憲法の啓蒙活動を行う。

投票結果を学年別に出すために入場券と投票用紙は色を変えます。テーマ企画実行委員や代議員が，投票会場で，受付や立会人を務め，入場券を受け取り，台帳にチェックし，投票用紙を手渡します。生徒は安城選挙管理委員会から借りた投票箱へ投票します。

模擬国民投票

　模擬国民投票を促すプロモーションビデオも全校放送で流します。4人の若手教員が熱演，話題になります。廊下には予想を超える長蛇の列。期日前投票は，全校で648名47.5％の有権者が訪れ，雰囲気が一気に盛り上がります。閉会式で開票結果を伝えるため，短時間の開票作業になります。学内投票数1,150票，有効投票数1,145票，改正賛成241票21.0％，改正反対904票79.0％という結果でした。

　次は，生徒の感想です。

・「どちらが平和に近づけるか」が重要だという言葉を聞き，確かにそうだと感じました。投票ギリギリまで考え，投票に行こうと思いました。

・同じ意見には耳を傾けやすいですが，反対意見も大切で聞くべきだと思いました。知らないままではだめで，知ることが必要だと感じました。

　テーマ企画チーフの生徒（当時1年）は，後に，こう語ります。

　クラスのみんなに投票を呼びかけ，ある子に「投票所の前の改正のメリット，改正しないメリットの説明を読んで，投票しようと決めた」と言われたことが，とてもうれしかった。創作ミュージカルで，「声を上げなければ前には進めない」というセリフがあります。活動する中で，この言葉を実感するようになりました。自分がやったことで，誰かの心を動かせられたらいいなと思いながら，挑戦していきたいです。

「今を知り未来をつくる～私たちがすべき選択とは～」

　2018年のテーマ企画では「原発」を取り上げ，国語，理科，地歴公民科の3教科のクロスオーバー授業を展開しました。地元安城での原発建設の賛否を問う模擬住民投票で，選択を迫ります。

　国語科小川立子先生が選んだ教材は，ドリアン助川さんの『線量計と奥の細道（幼戯書房）』。自転車で「奥の細道」2,000km以上を線量計で計測しながら，走破した記録を綴った作品。東京に出向き，直接教材化の許可も得ます。抜粋された文章を読んだ後，「このように各地の放射線を公表することになる本を出すべきでないと考えるか，出すべきと考えるか」と問うところから，授業は始まります。判断しにくい事柄やデリケートな問題へのアプローチ体験を，意思表示，意見交流，テクストの読解を通じて行います。「判断に迷う事柄は，社会の問題には伴うもので，生きていくということは，その中で考え，判断することの連続です」と，言い切ります。

　次は，生徒の感想です。

　本の内容ではなく，本を出すか出さないかで問われるのは初めて。自分の意見や級友の意見で，大きく違いが出るから面白い。意見の中身が人によって，鮮やかに彩られたとき，議題はこんなにも面白くなるのだということがわかった。

　平田オリザさんが言う「対話的な精神」を身につけるための教育です。自分とは異なる価値観をもった人と議論を重ねることで，自分の意見が変わっていくことを潔しとする態度です。国語科がつくりだしている風土には，創造発表会，新聞，平和に関する聞き取り，弁論など，インプットとアウトプットを，上手に織り交ぜている手法が欠かせません。

伝えることの大切さ

テーマ企画を担当した卒業生の感想です。

> 　私たちは大人から，たくさんの刺激を受けています。「コミュタン福島」でたくさんの資料と知識を持ち帰りました。それを広めたい。私にはその機会があります。それがテーマ企画シンポジウムや生徒会企画です。この立場にいるからこそ，伝えなければならないことがあります。

> 　テーマ企画に参加し，学んで知識を得る楽しさと，選択するときに迷うことを知りました。東北へ足を運び，福島の方から話を聞き，原発について学び，自分の言葉にして，話せてよかったと感じます。他人事にしてしまいがちだからこそ，こういう機会を大切にしたい。学んだからこそ，迷います。でも，選択しなければいけません。東北の人たちは，私たちのように甘い環境でなく，厳しい選択を迫られていたと，愛知に帰ってきて感じました。

　テーマ企画は2019年には「未来が変わる瞬間〜あなたの選択が決める物語〜」と題して，マニフェストや一般会計予算を作成し，政見放送，制作討論会，比例代表政党選挙を実施。2020年には「私たちは未来創造者〜あなたはどんな未来スイッチを押しますか〜」と題して，「平和な戦後100年を迎えられるか」を軸にしたネット平和アンケート，「未来新聞」発刊，「AG News 9」と称した30分番組の全校放送と続きます。

　テーマ企画は結論を出すことが難しい問題を考えることを迫ります。特に投票やアンケートでは判断することが求められます。「知れば知るほど気持ちは揺れるもの。知らないままではだめで，知ることが必要だと感じました」という生徒の感想に，テーマ企画の本質が隠されています。

「生徒同士がどう向き合うか」「一目置く人間関係」

　細井花音さんとは，１年生の学園祭テーマ企画で出会います。原発事故を徹底的に調べます。２年生のテーマ企画はチーフとしてみんなをリードします。その後も「特別常任委員長」「創作ミュージカル創作委員長」「学園祭実行委員長」を歴任し，自主活動の中心に座ります。

　2020年の学園祭前夜祭では，「ピースプロジェクト」を成功させます。様々な大人と接しながら，成長を続けています。彼女たちは知りたい，学びたい，伝えたいという思いが溢れています。主体的な気持ちというのは，深く学んだとき，様々な人の思いや行動を肌で感じたとき，伝えたいと感じたときに，芽生えるものだと思います。それを育むステージとして，授業，行事，部活動，生徒会活動はもちろんのこと，本校では「学園祭実行委員会」や30年以上続く「創作ミュージカル」があります。

ピースプロジェクト・傘アート

　生徒たちは学級，学年の枠を超え，行事を成功させようと，教師たちとも知恵を絞り，目標を掲げ，集団を組織し，協同していきます。行事はいつでも新しくつくり直すことができます。様々な自主活動が一人の提案を受け止め，集団で考え，目標を立て，行動し，つながり，実現し，振り返り，次のプランや行動につなげていきます。

　その過程には，多くの学びが発生します。いろいろな失敗や衝突が，人や集団・組織の見方を変化させます。お互いの履歴の違いを認め，人を複眼で見ることも問われます。教師はニュートラルであることが求められますが，時には牽引，時には後押しすることも必要です。続けることで，生徒同士にも生徒と教師の間にも，一目置く人間関係が構築されていきます。とりわけ生徒同士がどう向き合うか，どんな関係を築くかが肝要です。

（地頭雅春）

09

今の子どもたちにこそ必要な体験活動を実施する

▌学校教育における体験活動への期待

　文部科学省が定義する体験活動には，

> ・生活・文化体験活動（放課後に行われる遊びやお手伝い，野遊び，スポーツ，部活動，地域や学校における年中行事など）
> ・自然体験活動（登山やキャンプ，ハイキング等といった野外体験，又は星空観察や動植物観察といった自然・環境に係る学習活動など）
> ・社会体験活動（ボランティア活動や職場体験活動，インターンシップなど）

の３つがあり，子どもが「直接自然や人・社会等とかかわる活動を行うことにより，五感を通じて何かを感じ，学ぶ」取り組みとされています。社会教育，学校教育のいずれにしても，子どもたちにとっては楽しい時間，非日常を体験する貴重な機会です。

　しかし，体験活動は，日頃の学力向上の取り組みと比べてしまうと，その重要性が薄まってしまう，または必要性や重要性をしっかり認識していても，先生は子どもたちへの指導上の問題や課題，日頃の業務に忙殺されて，体験活動の機会の確保が年々減少傾向にあります。

　子どもたちの学校外での自然体験活動は，平成10〜28年の18年間では，平成17〜21年の間は減少していますが，平成24年以降増加し，平成28年では平成10年とほぼ同じ割合となっていることが，国立青少年教育振興機構の平成

28年度調査[12]で明らかになっています。学校外での体験活動は，家庭環境によるところが多いため，保護者の価値観によって，また共働き家庭が多い現代では，体験した子どももいれば体験していない子どももいるという状況が安易に予測できます。

　発達段階に個人差はあるものの，「SDGs」でも謳われているように，すべての子どもたちが等しく公平に質の高い体験活動を受けられるようにするには，どうしても学校教育の中での体験活動に期待してしまいます。学校現場の先生が，実施にかかる諸課題や負担を乗り越え，学校の教育目標が実現でき，目の前の児童生徒にとってよりよい学びのある体験活動の実施に，前向きに取り組める方策を一緒に考えていきたいと思います。

体験活動から育む非認知能力

(1)体験活動の効果

　体験活動には，学習指導要領に示されている資質・能力の3要素である「学びに向かう力，人間性等」である非認知能力を養う内容がたくさんあります。例えば，集団活動や体験的な活動を通して，社会で求められるコミュニケーション能力や自立心，主体性，協調性，チャレンジ精神，責任感，創造力，変化に対応する力，異なる他者と協働したりする能力等です。

　具体的には，平成25年1月21日中央教育審議会「今後の青少年の体験活動の推進について（答申）」において，

> 　子どもの頃の体験が豊富な大人ほど，意欲・関心や規範意識が高い人が多い

と体験活動の効果を表しています。

---

[12]　独立行政法人国立青少年教育振興機構（2019）「青少年の体験活動等に関する意識調査（平成28年度調査）」

また，文部科学省調査でも，自然の中で遊んだことや自然観察をしたことがある児童生徒の方が，理科の平均正答率が高く，自然の中での集団宿泊活動を長い日数行った小学校の方が，国語・算数の主に「活用」に関する問題の平均正答率が高い傾向が見られます。

　PISA調査においてもクラブ活動などの様々な学校の活動が行われているほど読解力の得点が高いという結果となっているという報告があります。

体験活動の効果

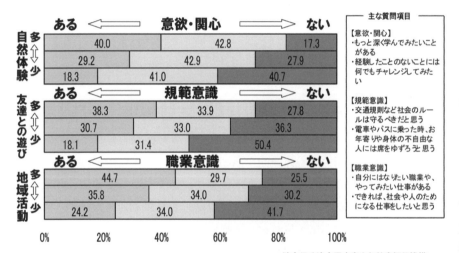

独立行政法人国立青少年教育振興機構
『子どもの体験活動の実態に関する調査研究』報告書　平成22年10月

(出典：文部科学省中央教育審議会平成25年1月答申「今後の青少年の体験活動の推進について」p. 7)

(2)体験活動の質を高めていく

　岡山大学の中山芳一先生は，著書『非認知能力が子どもを伸ばす』[13]の中で，非認知能力について一般の方でもわかりやすく説明されています。

---

[13]　中山芳一 (2018)『非認知能力が子どもを伸ばす』東京書籍

その中で，テストなどで点数化・数値化でき，理性的な側面をもつ能力を認知能力，点数化・数値化しにくく，情動的な側面をもつ能力「文脈依存的な力（複数の要素が関連・影響する中で発揮される力）」を非認知能力と定義しています。この非認知能力を OECD が提唱している「社会情動的スキル（Social and Emotional Skills）」と比較し，「非認知能力≒社会情動的スキル」であるとし，非認知能力の獲得・向上によって，認知能力の獲得・向上にプラスの効果を発揮することになると述べられています。

　また，中山先生は，○○体験を自らの内面で経験に変えることの重要性について，自然体験をもとに解説されています。しかし，効果があるからといって，子どもたちにより多くの体験活動をさせようと考えても，現実に，学校行事にたくさんの体験活動を盛り込むことは，先生の多忙化を加速させるだけで，持続可能ではないことは誰の目から見ても明らかです。

　中山先生は著書の中で，

　重要なのは，体験の量ばかりを増やすことではなく，その体験を経験から学びへと変えていくために質を高めることではないでしょうか

と投げかけられています。

　実際の学校現場でも取り組まれている，事前事後学習の充実やカリキュラム・マネジメントによる教科との関連性をもたせるなど工夫を凝らして，質を高めていくことを推奨されているように思います。

(3)明確な目標に合わせて体験活動を実施する

　視点を変えてみると，自らの内面でということでは，子どもたちに「気づき」を与えられる「問い」やメタ認知できるような話し合い活動の場を設けることで質を高められると考えられます。

　感想文を書かせる方法も文章を書く力，漢字を使う力，気持ちをまとめる力につながりますが，ここにひと手間加えることで，子どもたちの「そう

か！」「自分ってこう考えるんだ！」「私ってこう感じるんだ！」を引き出せます。一方で，よく先生からお聞きするものに，子どもたちが先生や大人が喜ぶ，求める内容の感想を書くというものがあります。これでは，せっかくの体験活動も体験に留まってしまいます。こうならないように普段から素直な気持ちを出せるクラスであることや自由に意見を出せる場（授業）を用意してあげることがポイントになると思います。

体験活動は，普段の教室では育みづらい非認知能力を高める機会となります。学校の教育目標に合わせて，体験活動とその質を高める仕掛けを工夫することで，学習意欲や教科での学びを深めることにつながることが期待できます。

これから社会体験活動と自然体験活動について触れていきますが，お伝えしたいのは，学校の教育目標など明確な目標に合わせて体験活動を実施することです。無理に体験活動を増やすことは，先生自身の負担が増すことになり，先生のモチベーションに大きく関わってきます。それでは本末転倒になってしまうので，担当する先生が意欲をもって，または楽しみながら取り組めること，毎年改善しながら効果を高めていけること，つまり，一人の先生だけでなく，毎年担当が代わっても継続していける価値と環境が整っていることが必要になります。

これからの体験活動の捉え方・進め方

日本の学校教育は，20年以上前から「開かれた学校づくり」として，学校・家庭・地域社会が十分に連携し，相互補完しつつ，一体となって取り組むことが方針として掲げられ，「生きる力」を育むため，学校教育における組織的・計画的な学習と同時に地域社会の中での体験活動を通して，自ら学び，自ら考え，主体的に判断し，表現し，行動できる資質や能力を身につけていくことを目的として取り組まれてきました。

今年度から小学校において全面実施され，今後全面実施される中学校，高

等学校の新学習指導要領は，「社会に開かれた教育課程」を目指すべき理念として位置づけており，より地域社会との連携・協働した体験活動の実施が期待されています。これまでの学校を地域が「支援する」から「連携・協働」へと捉え方・考え方を変えていくことを意味しています。

　これは大きな変化です。これまで，先生からすれば，子どもたちを「お願いする」という立場でした。これからは，「学校教育を通じてよりよい社会をつくるという目標を学校と社会とが共有」することによって，地域社会がより学校を理解し，ともに地域の子どもたちを育んでいこうという捉え方に方向転換することになります。

　確かに，学習指導要領が改訂されただけでは，学校現場がスムーズに体制やあり方を変えることは難しいかもしれません。しかし，VUCA時代（予測困難な社会状況）を生きていくこれからの子どもたちや，すでに無理を強いている学校現場には，これまで以上に地域社会という新しい価値観を取り入れ，ともに変化をもたらしていくときに来ていると考えられます。比較的外部と連携が容易と考えられている体験活動や生活科，総合的な学習（探究）の時間などから，地域社会を活用していくことをおすすめしています。そのために，まずは学校内の学年主任と協力する地域連携担当教職員等の人員配置や，地域コーディネーター等の外部コーディネーターの活用から始めてみるとよいでしょう。

10

地域と関わる
社会体験活動を促進する

▌社会体験活動のねらい

　学校教育で行われる社会体験活動は，p.74でも記載した通り，ボランティア活動や職場体験活動，インターンシップなど，一般的には学校の近くや学校のある市町村内での活動と，バスや公共交通機関を使用した，工場見学やクリーンセンターなどの施設見学に含まれる体験活動が考えられます。他にも全国に地域特性を生かした特色のある社会体験活動が行われています。また，インターネットで検索すると事例集でまとめられていたり，教育委員会ごとに指針が出されていたりしてそれぞれ体験活動を促進しています。

　このような体験活動が推奨されているのは，都市化・過疎化の進展や核家族化，少子化等により，地域社会における人間関係の希薄化が進む中で，子どもたちが多くの人や社会，自然などと直接触れ合う体験の機会が減少していることからです。また，これからの社会で今の子どもたちが生きていくために必要な非認知能力と言われる思いやりの心や規範意識，学習意欲，目的意識，望ましい勤労観・職業観など豊かな人間性や社会性を育むために，社会体験活動や自然体験活動がより必要となってきているからです。

▌職場体験，インターンシップ

(1)推進するために

　小中学校は職場体験，高等学校はインターンシップと発達段階によって使い分けがされています。文部科学省の学校における職場体験を推進した「キ

ャリア・スタート・ウィーク（平成17〜20年度）」によって，現在でも多くの中学校で職場体験が実施されています。

　職場体験，インターンシップは当時から5日程度の実施が推奨されていますが，実際は2〜3日間で実施している学校が多いようです。これは，学校負担や児童生徒を受け入れる事業所負担から来るものだと考えられます。子どもたちにとって，2〜3日より5日間の方が職業理解や働くことへの学びが多いかもしれませんが，学校目標や育みたい資質・能力などのねらいによって学校が意図的に定めた方が，カリキュラム・マネジメントの視点からより効果的に実施することができると考えられます。

　しかし，職場体験，インターンシップの受入先事業所の調整は，先生にとって大きな負担であることは間違いありません。事業所に連絡のできる時間は，先生が授業をしている時間です。先生たちは，授業のない時間に担当を割り振って事業所に連絡しています。授業の準備時間を業後に回したり，自宅に持ち帰ったりしています。これでは，効果的な実施よりもまずは実施しなければならないということに集中してしまいます。

　残念なことに，これまではこうした社会体験活動の実施は学校と先生に委ねられ，PTAや卒業生，ハローワーク，商工会等の経済団体を頼りながら先生の自助努力でなんとか実施されてきました。これからは，全国に展開されている「地域学校協働活動」のもと，地域の方やコーディネーターが入って受入事業所との調整や必要資料の整備，事前事後学習などをコーディネートしてもらうことが考えられます。

　職場体験等の社会体験活動における地域連携やコーディネーターの活用事例は，文部科学省のホームページ[14]にまとめられていますので，ご覧いただくとイメージしやすいと思います。

---

[14]　文部科学省ホームページ「学校と地域でつくる学びの未来」
　　（https://manabi-mirai.mext.go.jp/index.html）

(2)コーディネーターの活用

　コミュニティ・スクールの地域コーディネーターや公立高校であれば魅力化コーディネーターなど，学校と地域社会を結ぶ外部コーディネーターの配置が全国的に広がってきています。

　愛知県では，あいち教育ビジョンに「キャリア教育コーディネーターの活用」が明記されており，県立高校のインターンシップ等の体験活動の拡充が謳われています。名古屋市では，小学校と中学校に，2019年度より名古屋市子どもライフキャリアサポートモデル事業として「キャリアナビゲーター」が学校に配置され，市立高校には，2020年度より「ナゴヤ子ども人生応援サポーター」が配置されており，それぞれキャリア教育に関わるサポートをしています。外部コーディネーターの名称や役割などは都道府県，市町村教育委員会や配置されている学校によって様々です。

　もし，配置されている学校であれば，こうしたコーディネーターに職場体験，インターンシップの受入先事業所の開拓調整などを行ってもらうようにしましょう。「何をどのように依頼したらよいか」「教員ではないから」「依頼する方が手間かかるから」等々，依頼しない理由を挙げようと思ったら，たくさん出てくるかもしれませんが，思い切って任せてしまいましょう。ただし，目標やねらいをしっかり共有し，何をいつまでになど，定期的な打ち合わせで互いの進捗を確認しながら進めていくことが大事です。

　次頁の表は，実施の役割分担イメージです。準備期間や時期は，学校によって様々です。学期中に実施が多い中学校であれば，時期は変わってくると思います。ねらいと同様に全体のスケジュールや役割を明確にしておくと，協働が比較的容易に進めることができます。その際に，担当する先生の想いや効果測定なども共有して，忘れないようその場で文字に残しておくと，いつでも立ち戻ることができます。

　先生にとってコーディネーターは，外部であっても業務委託先ではなく，目標を達成するための仲間であるという意識をもつとより大きな効果や結果に結びつきます。

職場体験・インターンシップの役割分担イメージ

時期	実施事項	担当
４月初旬～５月中旬	受入先開拓 プログラム作成 資料作成	コーディネーター
５月下旬	インターンシップガイダンス	学校・コーディネーター
５月～６月中旬	生徒マッチング	学校
６月下旬	生徒への参加決定通知	学校
	企業への参加者決定通知	コーディネーター
７月	保険手続き	学校
	事前学習	学校・コーディネーター
夏休み期間	インターンシップ巡回	学校・コーディネーター
８月下旬～９月初旬	事後学習	学校・コーディネーター
10月下旬	報告会	学校

(3)地域連携担当教職員と地域ボランティア

　現状では，外部コーディネーターが配置されている学校ばかりではありません。しかし，キャリア教育の中核をなす職場体験，インターンシップを実施しないという選択をするのも難しいです。小中学校では，職場体験を実施する学年団が，高校であれば学年団または進路指導部が担当することが多いのではないでしょうか。

　文部科学省では，地域連携担当教職員や地域連携の担当教員を設置することを勧めています。職場体験，インターンシップの受入先事業所の調整を学校が行わなければならないという概念を捨て，地域連携の担当の先生が地域のキーマンとなる方（複数人）と協働して進められるようになると，非常によいと思います。

　そうは言っても，すぐには難しい場合もあります。その場合は，先生の横と縦の連携でカバーしていくとよいでしょう。すでにそうしている学校も多々あるでしょうが，先生たちの役割とスケジュールを明確にして，管理職にマネジメント，いわゆるカバー役として動いてもらえるとよいでしょう。

毎年，受け入れてもらっている事業所が，どうしても受け入れができない場合に，管理職の先生がその分の調整に入るようなイメージです。校長先生や教頭先生は地域の窓口として，地域の接点が多いことから，赴任してきてばかりでなければ，無理をお願いできるパイプをもっています。

　ちなみに，顔見知りや挨拶する程度の人とより関係を深めるには，お願い事や用事をつくることによって，人間関係を強化することができます。これを社会関係資本（ソーシャル・キャピタル）[15]といいます。この社会関係資本の豊かさは，子どもたちの「自己肯定感」や学力に影響を与えるとまで言われています。

　社会関係資本を豊かにしていくために，学校の先生には，「受援力（＝地域の人に頼ること）」を発揮していってほしいと思います。

---

[15] 「社会関係資本」とは，人的ネットワークによってもたらされる規範や信頼を意味し，人々の間を取り結ぶ「絆」や「信頼関係」のほか，「お互い様の規範」など，人々相互の関係性に生じる価値のこと。

11

自然体験活動を設定する

　自然活動体験もこれまで文部科学省だけでなく厚生労働省や地域の自治会，経済団体などの協力によって様々な取り組みが行われてきました。自然活動体験が当たり前のように取り組まれてきたことは，日本の学校教育の非常によいところであり，子どもたちにとって恵まれた環境にあったことを意味しています。

　しかしながら，学力編重の考え方の拡大や学校の教育行政による政策への対応，社会全般的な子どもたちに危険なことをさせない風土，公教育の平等性など，自然体験活動の実施割合は戻りつつあるものの，時代の要請や社会状況の変化によって流動的になりやすいものです。ですから，そういった状況変化に左右されず実施できるよう学校目標に合わせた，学校の特色とこだわりのある自然活動体験を学校と地域で共有し，設定または再設定していく必要があります。

学校における自然体験活動の充実とは

　学校教育基本法第21条第2項に義務教育の目標の一つとして，

> 　学校内外における自然体験活動を促進し，生命及び自然を尊重する精神並びに環境の保全に寄与する態度を養うこと

と提示しています。

　先にも述べた通り，これまでも学校教育における自然体験活動は十分取り

組まれてきました。素晴らしい取り組みもたくさんあります。この点では，法令や学習指導要領に則って適切に運営されてきていると考えられます。

　しかし，社会体験活動の項目（p.80）でもお伝えしてきましたが，学校における自然体験活動の充実とは，子どもたちに多くの体験活動を用意することだけではありません。学区の地域資源を活用した自然体験でも，例年通りの実施ではなく，一歩立ち止まって，育みたい能力や学習指導要領に示された資質・能力の三つの柱を再確認し，教科や学級の活動とのつながりをどうもたせるかなど，価値づけをしていくことが充実に向けた一つの方法です。自然体験活動を伴う集団宿泊活動は，非常に手間のかかる学校行事ですが，その分，子どもたちへの効果は大きいと考えられています。

　どう工夫していくかなどは，国立青少年教育振興機構が作成した『集団宿泊活動サポートガイド改訂版』をご覧いただくことをおすすめします（インターネットからダウンロードできます）。

　ただでさえ，授業や行事がたくさんある中で，自然体験活動を充実させるために，なかなか時間を割けない先生も当然いらっしゃると思います。特に，集団宿泊活動においては，非常に困難な課題かもしれません。子どもたちの状況やねらいや内容面においては，学年の担任の先生にしかわからない，調整できないこともあるかもしれません。

　逆に言えば，しなくてもよいことを，切り離せると割り切ることができれば，分担することができます。安全管理や当日のサポートは地域や保護者，学生ボランティアに，学習内容は専門家になど，学校外の人を含めたチームで実施することも考えていくことができれば，担任の先生は，マネジメントに専念できます。とある県の宿泊を伴う自然体験活動では，長期宿泊の際に，クラス担任であっても交代制で帰ることが義務づけられているそうです。

　このように，割り切ることで，体験活動の効果を維持することができると考えられます。重要なことは，安全面に配慮し，子どもたちを中心に考えて，すべて先生が負担するのではなく，地域の外部人材を含めた「チーム学校」で進めることです。

当日の内容は教科に置き換えられる

　もう一つ，体験活動を充実させるための課題として考えられることとして，学習指導要領に定められた各教科・科目の標準授業時数との兼ね合いです。体験活動を積極的に取り組んでいる学校は，下の図のように，体験活動を各教科・科目に置き換えて実施しています。これは，学校目標に合わせたカリキュラム・マネジメントを正確に行っているからこそ，先生が自信をもって置き換えられていると考えられます。

教科等の内容と関連づけて実施することが考えられる活動内容

教科書	学年	教科等の内容	関連付けて実施することが考えられる施設の活動プログラム例
国語	5・6	書くこと（紀行文，短歌，俳句，説明文）	野外活動
社会	5	農業や水産業における食料生産 自然環境（森林）と国民生活との関連	農業体験，漁業体験 林業体験，環境学習
理科	4 5 5 6 6	月と星 流れる水の働きと土地の変化 天気の変化 土地のつくりと変化 月と太陽	天体観察 自然観察，ハイキング 自然観察，野外活動 ジオパークの見学，登山 天体観察
音楽	5・6	歌唱活動	キャンプファイヤー
図工	5・6	造形遊び，絵や立体，工作	クラフト
家庭	5・6	栄養を考えた食事	野外炊事
体育	5・6	体つくり運動 表現運動（フォークダンス）	登山，ハイキング キャンプファイヤー
総合	5・6	各学校で定める （例）森林に関わる環境問題	環境学習，炭焼き体験
道徳	5・6	友情，信頼 よりよい学校生活，集団生活の充実 自然愛護	野外活動 集団宿泊活動全体 ハイキング，登山
特活	5・6	自然の中での集団宿泊活動 学校行事の「遠足・集団宿泊的行事」	キャンプファイヤー 集団宿泊活動全体

（出典：国立青少年教育振興機構『集団宿泊活動サポートガイド改訂版』）

できないことは専門家に協力を仰ぐ

　自然体験活動は，学区内での取り組みであっても，県内外の施設を活用する場合であっても，先生の得意不得意に偏らないよう，また，子どもたちによりよい学びが提供できるよう，不得意な部分は，できる人に任せてしまいましょう。地域には，いろいろな方がいらっしゃいます。先生から頼ることは，悪いことではありませんし，頼り頼られることで協力関係を築くことができます。

　注意することとして，「依頼＝投げっぱなし」にならないように気をつけることです。依頼して，つい他の業務で忙しくなってしまい，授業等の当日を迎えることのないようにしましょう。もしそうなってしまったとしても，お互い人間なので気遣いや心遣いがあれば，協力関係を持続できますし，新たに違うことでも協力してもらえることが増え，その関係が子どもたちにもよい意味で影響を与えるはずです。

－提言３　体験活動の充実のポイント－

１．体験活動の充実は，内容の充実にあります。

２．体験活動は，非認知能力を育むチャンスです。

３．先生は受援力を高め，地域との関係を強化していきましょう。

様々な状況に置かれる子どもたちにとっての体験活動

　現代の子どもたちは，「７人に１人は貧困」と言われているように，見た目や話しただけではわからない，「相対的貧困」と言われる状態に陥っていたりします。学校の先生も福祉部局からの情報がなければ，すぐにはわからないこともあるかもしれません。

　接していけば「少し違う」という違和感を覚えたり，ベテランの先生はその経験値で察したり，対応も慣れている先生もいらっしゃるかと思います。

あまり意識するのもよくないと思い，他の児童生徒と隔たりなく接するようにしている先生がほとんどだと思います。

「相対的貧困」と言われる子どもたちだからといって，必ず学力に差があるというわけではありません。しかし，家庭の状態によって様々なため，乳児期や幼少期に虐待やネグレクト等の経験のある子どもたちは，愛着形成が充分に確立されず，基本的な信頼の感覚を獲得できずに成長し，周りの人間関係に不信や恐怖を心に感じながら生活していたりします。

そうした子どもたちは，学校や学習に対して関心がもてず，諦めてしまう傾向があり，それが先生や周りの友達関係に影響し，なかなか人間関係を築くことができないことがあります。生活困窮家庭の場合，経済的な理由から体験活動の経験が乏しくなることは否めません。

だからこそ，将来の社会的自立に向けて，体験活動を通して，コミュニケーション能力や自立心，主体性，協調性，チャレンジ精神，責任感，創造力，変化に対応する力，異なる他者と協働したりする能力等の非認知能力を高めていく必要があるのです。

（山本和男）

12

教育と福祉の連携・協働を進める

▌コロナ禍で鮮明となった学校がもつ福祉的機能

　学校は，教育を行う場所であると同時に，福祉的機能をもっています。特に新型コロナウイルスによって長期間学校が休校となったことで，学校がどんな役割をもっていたのかということを改めて浮き彫りにしました。学校は毎日通うことによって生じる生活のリズムを整える場，友人や先生といった様々な人たちとの交流を通して生まれる社会性を身につける場，また給食の提供によるバランスの取れた栄養を摂取する場でもあります。逆に言えば，これらが整って初めて，学校という場が学習する場として機能していくとも言えます。

　学校も子どもたちを送り出す家庭も，日常の中で何気なく行っている行為が子どもたちにとって重要な役割を果たしており，学校・家庭それぞれが協力し補い合うことによって，子どもたちは健全に育っていきます。それが休校となることで，突然家庭で全部賄わないといけなくなりました。事前の準備なく長期間それが訪れたことによって，学校が単に学習する場以外に様々な機能をもっていたことに改めて気づかされました。しかしながら，コロナ以前より学校は複合的な課題を抱えた家庭環境の厳しい子どもたちに対して，学校がもっている福祉的機能が享受されるようその対応に追われてきました。今回長期休校という形でそれがさらに顕在化されたとも言えます。

　家庭で子どもたちを十分支えきれていないと，その影響が学校に来て教員が多忙化していきます。学校も家庭も苦しくなるわけです。そうした中，それを支え補う形として地域コミュニティの役割が改めて注目されています。

学習の前に必要なこと

　2014年に施行された，子どもの貧困対策の推進に関する法律等に基づいて，全国で無料の学習支援が受けられる学習支援教室が自治体主導で実施されるようになりました。ここでは，Chapter 1 でも触れられた愛知県高浜市での取り組みを通して，地域住民がどのような形で子どもたちと関わるようになったのか，また，学校が地域とつながることでどんな影響が生まれていったのか，そのプロセスを紹介することで持続可能な学校・地域づくりについて考えていきたいと思います。

　高浜市では，2015年から学習支援教室「ステップ」を開始しました。

高浜市「学習支援事業」ステップの取り組みについて

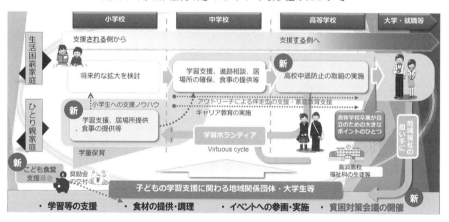

（出典：高浜市「学習支援事業」説明資料）

　初めは中学生を対象としていましたが，2020年現在では対象を小学生から高校生までに広げ週1回（小学生は週2回）教室が開かれています。NPO法人アスクネットでは高浜市より委託を受け，学習支援教室の運営を開設当初より行っています。

学習支援教室を開始するにあたって，最初に問題となったのは昼食でした。学習支援教室は，毎週土曜日の午前と午後に実施する予定をしていましたが，終日参加する生徒の昼食をどうするのかが問題となりました。

　通常であれば，家庭で昼食を用意してもらうのですが，対象としている生徒は経済的に厳しい家庭の生徒たちです。わざわざ家庭で用意してきてもらうとなると，それを理由に参加できなくなる生徒が出てくるのではないか，ということでした。開始時期がちょうど夏休みからだったこともあり，長期休暇における生徒たちの栄養面での支援は，より重要な課題としてもち上がりました。胃袋が満たされなければ勉強どころではありません。

　そこで，教室の会場を予定していた同じ建物内に，たまたま調理室があったこともあり，地域住民に呼びかけ，昼食支援のボランティアを募りました。すると地元まちづくり協議会をはじめ，婦人会やおやじの会，食育ボランティア，商工会女性部等々，気がつけば20近い団体に協力していただけることとなりました。

食事を通して家庭的な場を用意する

　高浜市は，人口4万人と愛知県の中では決して大きな自治体ではありませんが，多くの人たちは，自分たちの住んでいる町に食事も困るほどの子どもたちがいるということをほとんど知りませんでした。

　そういった子どもたちの実情を知り，自分たちでできることなら支援したいと多くの方が手を挙げてくださいました。中には市が開催した「男の料理教室」に参加されたメンバーから「家で料理をつくっても家族はなかなか食べてくれないけど，ここだと毎回子どもたちが喜んで食べてくれる。つくりがいがある」といった言葉をいただくなど，地域住民にとっても地元の子どもたちとの楽しい交流の場となっています。

地域の方が用意してくれた昼食の様子

　学習支援教室では，大学生を中心とした学習サポーター（ステップでは「チャレンジサポーター」と呼んでいます）が生徒たちの勉強を支援していますが，地元の人たちによる昼食支援と連携することで，学習だけでない，より家庭的な場へと彩を添えています。お昼の時間になると，子どもたちは大学生や食事の準備にあたってくれた地域住民の方と一緒に食事をしながら学校のことや家庭のことを話します。また，地域住民の方は食材を通して地元の郷土料理や伝統行事などを話してくれます。時に子どもたちは食事のマナーなどの注意を受けることもあります。

　教室では，外国にルーツをもつ子どもたちも少なくありません。地域とのつながりの薄かった子どもたちは，食事を通じた交流を通して育った町の味を体で覚えていきます。そして，その町の住民（市民）として徐々に心に根をはっていきます。

多様な体験と挑戦の場を"まち"の中に用意する

　高浜市の学習支援事業「ステップ」のもう一つの特徴は，月一回キャリア教育を意識した講座が開かれる点です。

　様々な職業の方をゲストとしてお呼びして，講話や体験的な活動が行われています。これは単に学力を上げるだけでなく，社会に出ていくうえで必要な力を身につけていくことを大切にしたいとの思いから行われています。これまでに行った講座としては，地元高浜市の市民映画を撮影した映画監督による生き方講座や，地場産業である鬼瓦の製作をしている鬼師の方によるワークショップなどがあり，また，地元出身の書道家に来ていただいて行う書初めは毎年の恒例行事となっています。

　食事支援と同様，子どもたちの多様なつながりをつくっていくだけでなく，関わっていただく講師の方たちにとっても，子どもたちの現状を知っていただく貴重な機会になっています。

チャレンジサポーターと行う話し合い活動の様子
（教員を目指す大学生にとっても学びの場となっている）

このように，高浜市の学習支援教室はたくさんの大人たちの支えによって成り立っていますが，年1回12月に行われる「感謝の集い」は特別な行事として位置づけられています。日頃いろいろな支援を受けている子どもたちがお世話になった人たちを呼んで「感謝する日」となります。いつも昼食の準備をしていただいているボランティアの方や，月1回行われている講座で教えていただいた講師の方，さらには小学校，中学校でお世話になった先生などたくさんの方々をお呼びして半日楽しく過ごします。

　ここでの出し物などの企画は，全部子どもたちが考えて行われます。12月が近づいてくると，子どもたちは通常の学習の時間とは別に話し合いの時間を設けて，役割分担をしながら準備にあたります。招待された方々はまるで親戚の子や孫にでも会うかのように子どもたちの成長を喜び，この日を楽しみにしてくださっています。中には小学校の先生が中学生になった生徒の様子を見て，成長した教え子の姿に驚くといったこともあります。会場はさながら大家族によるクリスマス会のような温かな空気に包まれます。

普段の学習の様子。異年齢集団での学習
（個別カルテに基づいて，生徒一人ひとりの状況に合わせたサポートを実施。教室の終了後は，毎回チャレンジサポーター間で振り返りミーティングを実施し次に活かしている）

本来，学習支援教室では学校での学習を補うことが中心ですが，こういった催しを用意するのは彼らに「支援を受ける側から支援する側」へと成長していってもらいたいという願いが込められています。実際にこういった行事を通して子どもたちは大きく成長していきます。

　催し物を通して子どもたちが準備にあたるといったことは，すでに学校で行われていることかもしれませんが，それをあえて学習支援教室で行う理由は何でしょうか？

　「ステップ」に通う子どもたちは，勉強が遅れがちで部活動もそれほど得意ではなく，学校の教室ではうまく自己表現できない子も少なくありません。学校のクラスには他にリーダー的存在の子がたくさんいます。そうすると，自分に自信のない子どもたちはクラスの中では中心的役割に手を挙げることができなくなります。

留学生を招いての英語による異文化理解講座

　学校であれ地域であれ，子どもたちにとって活躍できる舞台が多様であればあるほど，子どもたちの活躍する機会は増えていきます。それによって自

分に自信をもってより前向きに歩んでいくことにつながっていきます。実際にステップで行われている話し合い活動によって自信をつけた生徒が，学校でクラスメイトの視線を気にせず自分の意見を言えるようなったなど，様々な事例が出てきました。

　勉強でしんどさを感じている児童生徒たちにとって，学校だけでなくいろいろな場面での「できた」という体験がよりいっそう重要となってきます。その喜びが彼らの学びに向かう力へと変わっていきます。

たくさんのつながりが子どもたちの安全網となる

(1)パンク寸前にある今の学校の現状

　元々，日本には古くから伝統行事等を通して地域の中で子どもたちを育んでいく文化がありました。特に人口の少ない農村部では住むことと働くことが一体となっているため，地域の担い手を育てることは“まち”の存続にも関わる重要なことになります。

　しかしながら都市部を中心に，元々そこの地域で生まれ育っていない住民が大量に移り住んでくることによって状況が一変しました。また，地域行事に関わることへのわずらわしさや価値観の多様化等によって，元々地域の中にあった教育的機能がどんどんと弱体化していきました。

　その結果，学校は学習に向かう前の準備，動機づけとして様々なことが求められるようになり，それがもうパンク寸前にあるというのが今の学校の現状ではないでしょうか。経済格差によって生まれる学力格差や多様なニーズをもった児童生徒の増加など，学校もよりいっそう個別対応が求められてきています。

(2)学校，家庭に次ぐ第三の場所

　しかしながら，限られた人数でたくさんの児童・生徒を見守るには限界があります。そうすると，見守る大人の数を学校だけでなく地域にも増やして

いくしかありません。今，全国に広がりを見せている学習支援教室や子ども食堂などは，子どもたちにとっては学校，家庭に次ぐ第三の場所として機能し始めています。これまで説明したように，勉強を教えてくれる大学生や地域住民との交流の場にもなっています。多くの学校では，そういった場が自分たちの校区や自治体で行われているということは知っていても，実際に足を運んで活動の様子を見学したり，具体的に情報交換や交流をしていたりすることはまだまだ限られています。

　その点，高浜市では学習支援教室「ステップ」が開設されてすぐ，市内に２校ある中学校の校長先生が，おふたりとも見学に来てくださり，その後もステップから生徒の学習状況などのレポートを学校に届けるなど，交流・連携が図られています。まさに教育と福祉の連携です。

　よく勘違いされるのが，学習支援教室はいわゆる無料塾であり，学校が塾とつながるのは，学校での教え方が不十分であることを認めることになるのではないかという考え方ですが，それはまったく誤った捉え方です。通って来ている子どもたちは，家庭で落ち着いて勉強ができない生活環境の厳しい子どもたちが大半です。家庭の代わりとして学習支援教室が存在しています。家庭学習の必要性と重要性はどの学校も認めるところかと思います。

　また，彼らの生活環境の厳しさによって受けているマイナスの影響は，他の子どもたちよりも大きく，さらにその影響が年齢とともに積み重ねられている場合があります。それを，学校だけで抱えることは難しいと言えます。それは一番先生方が実感している部分ではないでしょうか。

　これからの学校は，以前からある地縁組織との連携と同時に，学習支援教室などのような，テーマごとに活動している地域コミュニティにも意識を向けて協力していくことが重要なカギとなります。学校では解決困難な状態になる前の段階で，どうセーフティーネットを町の中に張り巡らしておくか，それが深刻な問題を未然に防ぐカギにつながっていきます。子どもを中心に置いた際にどのような人たちが地域で子どもたちを支えているのか，こういった視点はいざ災害や突発的な問題が起こった際に，学校だけではカバーし

きれない大事な安全網として機能していきます。

　では，地縁組織だけでなく，様々な地域グループやコミュニティをどう束ねて連携を図っていくのか，それを学校の先生方が全部行っていたら大変なことになります。この点についてはまた後ほど説明したいと思います。

プラットフォームをつくることでより開かれた場へと昇華していく

(1)アスクネットとの定例会議から子ども貧困対策会議へ

　学習支援教室の事業では，高浜市と運営団体であるアスクネットとの定例会議を月1回程度行っています。参加している児童生徒の状況や今後の計画などを話し合う場となっていますが，そうした会議の中で，よりもっと地域全体で子どもの貧困について話し合う場を用意した方がよいのではないかといった案が出てきました。

　学習支援教室「ステップ」が開始されて1年後となる2016年，学校関係者と福祉分野で活動するメンバーが一つのテーブルで話し合う「子ども貧困対策会議」を開催することとなりました。主なメンバーは，学校・教育関係者では教育長をはじめ，小中学校校長会の会長と副会長，それに市内にある県立高校の校長，行政からは子ども全般にまつわる部署であるこども未来部長，子ども健全育成支援員，母子父子自立支援員，児童センターの館長，その他，社会福祉協議会事務局長，商工会理事，まちづくり協議会の代表，民生児童委員，地域支援員，利用者保護者代表，学習支援事業運営者であるアスクネット，そして，有識者として長年社会教育分野をご研究されてきた大学教授にも入っていただくことになりました。

　この会議では，学習支援教室の状況を様々なステークホルダーの方々に知っていただくのと同時に，地域で抱える子どもたちの現状について話し合われました。こうした情報交換の場が設けられることで学校が抱えている課題や現状が見えてきました。また，母子父子自立支援員から「相談を受ける際は，どうしても親の話が中心となりますが，次回からは子どもの様子につい

ても意識して尋ねてみるようにします」といった声が上がるなど会議によっ
て新たな視点が生まれていきました。

(2)「こども食堂支援基金」

　そして，ボランティアベースで行われていた昼食支援が継続できるよう，
市で「こども食堂支援基金」を設立することになり，地元の社会福祉協議会
や企業・団体・個人から寄付がもたらされることになりました。こういった
理解が広がる中で，学習支援教室に通う子どもたちだけでなく，他の子ども
たちにも食事の提供ができる場を設けようということとなり，市内にある老
人福祉施設のキッチンを借りて月2回夕食の支援を行う新たな子ども食堂が
生まれていくことになりました。

　普段はお年寄りだけの施設に，子どもたちの賑やかな声が広がるというこ
とで施設側にも歓迎されています。このような活動は，先ほど説明した基金
への寄付（資金提供）だけでなく，地元の農家さんやJAなどからの野菜や
お米といった食材の提供などにより支えられています。

「こども食堂支援基金」の仕組み

（出典：高浜市「学習支援事業」説明資料）

生活困窮者の学習支援と言うと，どうしても周囲に気づかれないよう閉じられた形で運営されているケースもあります。高浜市の学習支援教室では，子どもたちのプライバシーには配慮するものの，活動そのものまで伏せてしまうのではなく，広く知っていただくことで"まち"の子どもたちの現状を知ってもらい，その結果，子どもたちを支援する協力者の裾野を広げてきました。国や県レベルだけでなく，高浜市のような教育と福祉が連携した情報交換の場は小単位であればあるほど課題が明確となり，より具体的なアクションにつながりやすいと考えます。

▌連携から協働へ　お互いのフィールドに呼んで資源を分かち合う

(1)開かれた研修

　先ほどもご紹介したように，学習支援教室では大学生を中心としたチャレンジサポーターが日々生徒たちの学習を支援しています。彼らの中には将来教員を目指している学生も多く，実際に大学卒業後教員となったメンバーも数多くいます。

　将来，教員を目指している学生たちは大学で教えることについて学んでいますが，学習支援教室は通常の学校の授業と少し勝手が異なります。教室では勉強の遅れがちな生徒が多く，生徒によって学習度合いがまちまちです。また，様々な課題を抱えている生徒も少なくありません。そのため，チャレンジサポーターの方たちには子どもたちに寄り添う姿勢をまずは学んでもらおうと，講師を外部から呼んでコーチング研修を行ってきました。

　この研修にはチャレンジサポーターだけにとどまらず，市内の学校の先生をはじめ，一般市民も参加できるようにして，みんなで子どもたちとの向き合い方について学び合いました。また，ある時は，チャレンジサポーターの研修に高浜市内の先生方にもご参加いただいての合同コーチング研修を行ったこともありました。将来教員を目指している学生にとっては日々子どもたちと向き合っている現役の先生方との貴重な交流の場となり，また先生方に

とっても若い学生たちと一緒にコーチングを学び合えたということでなかなかの好評でした。

　こうした開かれた研修を重ねることで，お互い顔と顔のわかり合える関係となり，市内の学校とのつながりがより近いものへとなっていきました。

(2)新部長・副部長のリーダー研修

　そんなある日，市内の中学校で教務主任を務められている先生より，あるご相談をいただきました。その学校では，毎年８月下旬に部活動での部長・副部長交代が行われる際に２年生の新部長・副部長だけを集めて１泊２日の合同研修を行っているとのことでした。

　中学生にとって３年生の先輩たちはとても大きな存在です。その先輩たちが抜けた後，どう部のメンバーをまとめていくか。部長・副部長たちに大きなプレッシャーがのしかかります。新部長・副部長は前の部長・副部長のやり方にとらわれることなく，自分たちらしく行っていけばいい，それぞれのリーダー像があっていい。そんなことを感じてもらえるように，すべての部活動の新部長・副部長を集めてチームワークビルディングやリーダーシップについて学ぶ場を設けているとのことでした。これには２学期以降，彼らが学級に戻った後，生徒会やクラスの学級委員などに対して，よきフォロワーとして活躍していってもらいたいといった期待も込められています。

　これまでは若手の教員が中心となって研修でどんなことを行うのか検討してきましたが，回数を重ねていくうちにアイデアに広がりがなくなってきたそうです。そこで，学習支援事業によって関係を築いてきたアスクネットに協力してもらえないかと相談がもちかけられたのです。

　最初の年は一つのワークだけを担当させていただき，翌年からは１日分を担当，そして現在は，先生方が前に立って指示を出す場面をなくし，基本的にアスクネットのスタッフが前で説明をします。代わりに先生方は生徒たちのグループにそれぞれ入っていただき，ファシリテーターとして生徒たちのサポート役として関わります。教師が前に立って説明をするとどうしても生

徒たちの様子がわかりづらいため，教師はファシリテーターとして生徒たちの状況をよく観察し，必要なときにサポートを行いながら，生徒たちのもっている主体性を引き出していく工夫が必要だといった前年の振り返りから，このような形が生まれました。

　そして，リーダー研修を迎えるまでに，ファシリテーションスキルを教師たち自身が学べる研修を行えないだろうかという相談がありました。アスクネットでご紹介した講師は，当時中学校の校長先生をされていた方でした。その校長先生のご厚意によって，ファシリテーション研修を受けていただく前に，高浜市の中学校の先生方に実際にその学校の様子を見ていただくことになりました。

　ちょうど視察した日は，体育館で地域住民も呼んでの講演会とワークショップが開かれていました。そこには先生方が大きな声を張り上げて生徒たちを誘導する光景はなく，先生方は見守り役となり生徒たちが率先して地域の方々を迎え入れ，丁寧に誘導していました。視察を行った高浜市の先生方は学校に戻り，生徒主体の学校づくりについて徐々に取り組むようになりました。今では，部活動の部長たちが集まって生徒たちだけで個別のミーティングが校内で開かれるようになったそうです。

チャレンジサポーターと行政職員，教員を交えたコーチング研修の様子

新部長・副部長のリーダー研修は，まちづくり協議会からの財政的支援によって行われていました。まちづくり協議会側の申し出により，学校側がどういった活用の仕方があるだろうかと考えて生まれたプログラムです。校内だけで閉じるのではなく，いろいろな外部とつながっていくことで生徒だけでなく，教師自身による意識の変化がもたらされ，気がつけば学校全体に影響を与える，そういった相乗効果が生まれるようになっていきました。

　こういったゆるやかなつながりによる積み重ねにより現在，学習支援事業の事業責任者でもあるアスクネット職員がこの中学校の学校評議員にもなっています。連携から協働へ，それぞれがもっている強みや視点を活かし合っていくことが今後の学校づくり，地域づくりにますます重要になってきます。

13

子どもを中心に
あるべき地域社会をデザインする

地域学校協働活動と地域学校協働本部

　これまで，教育と福祉の連携・協働について説明をしてきましたが，地域と学校との協働に関して言えば，すでに様々な形で進んでいます。外部人材を活用した土曜日の教育支援活動や小学校での放課後子供教室，地域住民を招いての郷土学習や地域行事の参加など，どの学校も程度の差こそあれ地域との交流を行っているのではないでしょうか。文部科学省では「近年，子供を取り巻く環境が大きく変化しており，未来を担う子供たちの成長を支えるには，地域と学校が連携・協働し，社会総がかりで教育を行うことが必要」[16]と述べています。

　ただ，先に少し触れたように，地域と学校が連携・協働していく活動が増えるにしたがって，地域住民への連絡・調整など様々な業務が増え，学校がさらに忙しくなっていくといったジレンマも想定できます。そこで，文部科学省では，地域と学校が協働で行っていく活動の推進にあたって，地域と学校をつなぐ地域学校協働活動推進員（コーディネーター）を配置し，協働活動の基盤強化のために地域学校協働本部を立ち上げていくよう教育委員会に促しています。

　地域学校協働本部とは，地域学校協働活動推進員（コーディネーター）を中心に幅広い地域住民や団体等の参画によって形成されるゆるやかなネットワークをさします。

---

[16]　文部科学省生涯学習政策局（2017）「地域学校協働活動の推進に向けたガイドライン（参考の手引）等について」p.8

構成員のメンバーとしては，コーディネーターの他に，例えばPTA役員や公民館の館長，自治会，商工会議所，民生委員，大学等の有識者，NPO代表等が挙げられます。また，「本部の構築に向けては，多様な活動の全てを最初から行うことを求めるのではなく，それぞれの地域における協働活動の推進状況に応じて，まずは子供たちの成長にとって何が重要であるかを地域で共有し，ビジョンを持つことが重要」[17]としています。

　国は2022年度までに，全小中学校区をカバーして地域学校協働活動を推進し，地域学校協働本部を設置することを目標に掲げています[18]。

学校運営協議会制度（コミュニティ・スクール）

　学校と地域がパートナーとして連携・協働による取り組みを進めていくためには，学校と地域住民等が「地域でどのような子どもたちを育てるのか」「何を実現していくのか」という目標やビジョンを共有することが重要となります。そうした目標やビジョンを共有しながら学校運営全般に関して学校と地域が一緒になって学校づくりを行っていく制度を学校運営協議会制度と言います。

　学校運営協議会では保護者や地域住民の代表，地域学校協働活動推進員（コーディネーター）が主なメンバーとなって学校運営や教育活動等について校長先生から説明を受け，承認もしくは意見などを言う合議制の機関となります。

　こういった制度を導入している学校をコミュニティ・スクールと呼びます。国はこの制度を導入することで，学校と地域住民等が力を合わせて学校の運営に取り組むことが可能となり，「地域とともにある学校」への転換を図るための有効な仕組みとしています。そして，学校運営に地域の声を積極的に生かし，地域と一体となって特色ある学校づくりを進めていくことができる

---

[17] 文部科学省（2019）「地域学校協働活動パンフレット」p.3
[18] 文部科学省（2019）「地域学校協働活動パンフレット」p.13

としています[19]。これまで説明してきたように，地域との協働は子どもたちにとって福祉的側面からも学習面から見ても欠かせません。また，地方創生という観点から見た場合，学校を中心とした地域コミュニティの再生が期待されています。これはいいこと尽くしに思えます。

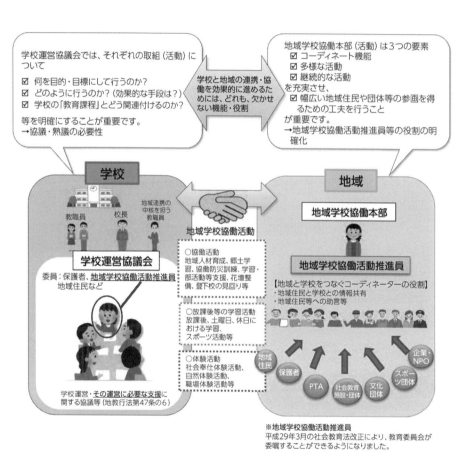

学校運営協議会では、それぞれの取組(活動)について

☑ 何を目的・目標にして行うのか？
☑ どのように行うのか？(効果的な手段は？)
☑ 学校の「教育課程」とどう関連付けるのか？

等を明確にすることが重要です。
→協議・熟議の必要性

学校と地域の連携・協働を効果的に進めるためには、どれも、欠かせない機能・役割

地域学校協働本部(活動)は3つの要素
☑ コーディネート機能
☑ 多様な活動
☑ 継続的な活動
を充実させ、
☑ 幅広い地域住民や団体等の参画を得るための工夫を行うこと
が重要です。
→地域学校協働活動推進員等の役割の明確化

学校

教職員　校長　地域連携の中核を担う教職員

学校運営協議会
委員：保護者、地域学校協働活動推進員、地域住民など

学校運営・その運営に必要な支援に関する協議等(地教行法第47条の6)

地域学校協働活動

○協働活動
地域人材育成、郷土学習、協働防災訓練、学習・部活動等支援、花壇整備、登下校の見回り等

○放課後等の学習活動
放課後、土曜日、休日における学習、スポーツ活動等

○体験活動
社会奉仕体験活動、自然体験活動、職場体験活動等

地域

地域学校協働本部

地域学校協働活動推進員

【地域と学校をつなぐコーディネーターの役割】
・地域住民と学校との情報共有
・地域住民等への助言等

地域住民　保護者　PTA　社会教育施設・団体　文化団体　スポーツ団体　企業・NPO

※地域学校協働活動推進員
平成29年3月の社会教育法改正により、教育委員会が委嘱することができるようになりました。

(出典：文部科学省「コミュニティ・スクール2018」p.8)

[19] 文部科学省（2018）「コミュニティ・スクール2018」p.1

しかしもう少し違った見方をすると，これまで学校任せにしていたものを，地域住民一人ひとりが責任をもって学校に，そして，地域コミュニティに関わりをもって次世代を育成していきましょう，ということでもあります。そうしないと，地域の未来も日本の未来も危ういですよ，とも読み取れなくもありません。2017年３月に，地方教育行政の組織及び運営に関する法律の一部改正によって教育委員会がコミュニティ・スクールを導入することが努力義務となりました。各教育委員会はこれまで行ってきた取り組みを活かしつつ，どう地域の未来を描くのか，今問われています。

　平成29年３月社会教育法の改正により，地域学校協働活動推進員（コーディネーター）は教育委員会より委嘱できるようになりました。

－地域学校協働活動推進員の役割－

・地域や学校の実情に応じた地域学校協働活動の企画・立案

・学校や地域住民，企業・団体等の関係者との連絡・調整

・地域ボランティアの募集・確保

・地域学校協働本部の事務処理・経費処理

・地域住民への情報提供・助言・活動促進　など

（出典：文部科学省「地域学校協働活動パンフレット」p.4）

よりよき市民としてつながりをどう育むか　まずは大人から

　令和２年度から小学校でスタートした学習指導要領の総説の冒頭には，改訂の経緯として，今の子どもたちが成人するころには「厳しい挑戦の時代」を迎えており，「予測が困難な時代」となっているという趣旨が述べられています。

　何とも皮肉ではないでしょうか。子どもたちが大人になるのを待たずして，まさに開始１年目にそれを実感することとなってしまったのです。

コロナ禍で私たちは，多くの気づきを得ました。社会的距離だけでなく，心の距離までも離れてしまうと社会がどうなっていくのか，学習指導要領で謳われている「思考力・判断力・表現力」が私たち大人に今問われており，「主体的・対話的で深い学び」が求められています。

　志水宏吉は『「つながり」を生かした学校づくり』の中で「つながりこそが子どもを育てる」[20]と明確に述べています。仮に学校に行けない子どもがいた場合，学校だけでなく多様なつながりが"まち"の中にあることで，子どもは社会との接点をもつことができます。立場や考え方が異なると難しいこともたくさんあります。

　しかし，それぞれが異なっているから補い合い必要とされ，つながり合うことができるのかもしれません。太陽の光，空気，水，植物，昆虫，鳥と，それぞれの違いと役割があって命が育まれ豊かな自然が保たれていくように，私たちは良き市民として，それぞれの違いを地域社会の中で発揮していく。そういった生態系（仕組み）をつくっていくことが，これからの学校，そして，地域づくりに必要になってくると言えるのではないでしょうか。

　それは，国連が定めるSDGsの掲げる「誰一人取り残さない世界」の実現の一歩につながっていくとも言えます。

（白上昌子）

---

[20]　志水宏吉／若槻健編（2017）『「つながり」を生かした学校づくり』東洋館出版社，p.6

14

「私は関係ない」と思わない

▌子どもたちをよろしく

　新型コロナ感染拡大による全校一斉休校となる前日の2020年3月1日に，映画『子どもたちをよろしく』を鑑賞しました。子どもたちを取り巻く社会の闇を繊細かつ鋭く描き出した人間ドラマ。学校や教師は，一切登場しません。主人公の家庭は，父子家庭であり困窮を極めています。取り巻く状況もずっと暗く，最後は中学生である主人公が自死してしまいます。

　映画を観終わった後は，声が出ません。今，子どもたちに何が起こっているのかを考えさせられ，映画を観た人には，「自分はこの問題に対して，何ができるのだろう？」という問いが突きつけられます。

　親による子どもへの虐待や，学校におけるいじめによる自殺など，子どもたちをめぐる悲惨な事件は後を断ちません。

　今，子どもたちに何が起こっているのか？

　子どもたちを支えるはずの大人は，何をしているのか？

　表立ってはなかなか見えない家庭の問題や，その問題を生む歪んだ社会，何よりも頼るべき人もなく孤立する子どもたちの心の叫びを多くの人に投げかけたいと，元文部科学省の寺脇研さんと前川喜平さんが企画し制作されたのが，映画『子どもたちをよろしく』です。

　隅田靖監督の演出は，登場人物一人ひとりの個性を浮かび上がらせ，リアルな人間の息遣いを感じさせます。救いのない物語に心をかき乱されながらも，今の日本社会が抱える厳しい現実が心の奥深くまで伝わってきます。

　寺脇さんは次のように話されています。

災害が起これば，ボランティアとして一肌脱ごうという方がいます。世の中捨てたもんじゃないと思わされます。災害は可視化されますが，本作で描いたような貧困や，いじめといった子どもに関わる悲惨な実態は見えにくい。学校や行政は一生懸命やっているが，公務員には守秘義務があり実情をペラペラ喋ることができません。

　こうして観てもらって，自発的に何かやれないかと考える人が増え，一人ひとりが少しずつ行動を起こせば，何らかの形ではね返ってくると思う。本作のタイトルは『子どもたちをよろしく』ですが，よろしくするのはすべての大人です。

　私たち大人は，何ができるのでしょうか？
　「私は関係ない」と思っているのではなく，社会を形成している一人ひとりで，子どもを育む意識をもちたいものです。

子どもを取り巻く状況

(1)不登校

　文部科学省が2020年10月22日に公表した「令和元年度児童生徒の問題行動・不登校等生徒指導上の諸課題に関する調査結果」では，問題行動・不登校が理由で小中学校を30日以上欠席した児童生徒は181,272人で，過去最高を更新しています。増加は7年連続で，約10万人が90日以上欠席していました。内訳は，小学校が53,350人，中学校が127,922人。学年が上がるごとに人数が増え，中3は48,271人。全体の児童生徒に占める割合は，小学校で0.8%，中学校で3.9%です。

　不登校の主な原因は，「無気力，不安」が最も多く，「いじめを除く友人関係をめぐる問題」「親子の関わり方」などが続いています。学校などで指導を受けた結果，19年度中に登校するようになった児童生徒は，全体の22.8%

にとどまっています。高校は50,100人で，前年度を下回りましたが，横ばいが続いています。

　不登校の増加について，文部科学省は「憂慮すべき状況」としつつ，休養の必要性や支援強化を謳った教育機会確保法が2017年に施行され，「趣旨が浸透してきた側面もある」としています。

(2)自死

　2018年における日本の自殺者の総数は20,840人で，コロナ禍以前の近年は減少傾向にある一方，小中学生の自殺者は131人と減少しておらず，深刻な課題です。児童相談所における児童虐待相談対応件数も増加しており，2018年度は159,838件と過去最高となっています。このうち，学校等が相談経路となっているのは11,449件で7％を占めています。

(3)いじめ

　文部科学省は2019年10月17日，「平成30年度児童生徒の問題行動・不登校等生徒指導上の諸課題に関する調査」の結果を公開しました。いじめの認知件数は前年度比129,555件増の543,933件で過去最多を更新。小・中・高校・特別支援学校のうち，小学校が8割近くを占めています。小学校の学年別では低学年が多い傾向にあります。いじめ防止対策推進法第28条第1項に想定する重大事態の発生数は，前年比128件増の602件でした。

▌国の動き

　国としては，数年前から子どもたちを取り巻く状況に対して，次のように動き出しています。

(1)「子どもの貧困対策に関する大綱」〜子どもたちは国の宝

　日本の将来を担う子どもたちは，国の一番の宝です。貧困は，子どもたち

の生活や成長に様々な影響を及ぼしますが，その責任は子どもたちにはありません。子どもの将来が，その生まれ育った環境によって左右されることのないよう，また，貧困が世代を超えて連鎖することのないよう，必要な環境整備と教育の機会均等を図る子どもの貧困対策は極めて重要です。そこで，2014年8月29日に「子供の貧困対策に関する大綱」が閣議決定されました。

(2)「教育機会確保法」〜不登校は問題行動ではない

　筆者が30数年前中学校教員になった頃は，まさに「校内暴力」真っ盛りの時代でした。ちょうど『3年B組金八先生』が話題のドラマとして，全国の中学生・世の中にも大きな影響を与えたと言っても過言ではないと思っています。筆者は大学生時代から『3年B組金八先生』を見始め，「中学校の先生になりたい！」という思いを強く抱きました。子どもたち，親，教職員ととことん向き合っていく姿に感動していたからだと思います。

　逆に，ドラマ内で発生する校内暴力などが一気に全国に広まったとも言われています。その頃，学校にたまにしか来ない生徒は結構いました。その多くは，遊び型の「怠学」傾向の長期欠席生徒で，誰かの家が溜まり場になっていて，シンナーを吸引したり，バイクを盗んで乗ったりしたりなどの非行型の生徒でした。その当時の教員は，毎日その生徒と向き合っていました。

　1990年頃，筆者のクラスに，学校になかなか来られない非行型ではない女生徒が2人いました。「学校で仲間外れにされているような気がする」「学校の門をくぐれない」「教室に入れない」という生徒が少しずつ増えてきました。2000年頃には，非行型の怠学傾向の生徒は減少し，逆に「学校に行くことがとてもつらい」など，心理的な壁が立ちはだかっている生徒が増え始めました。中には「幼少の弟や妹の面倒を見させるために学校に行かせられない」という親にも出会いました。学校に来られない，来ない生徒の背景に，社会の縮図とも言える問題が多く見受けられました。筆者は，学校だけではこれらの問題を解決することは，とても難しいと痛感していました。

　不登校生徒が増えてくると，不登校は特別な児童や生徒が陥るものではな

く，誰にでも起こり得るのではないかと感じ始めました。不登校になった，もしくはなりそうな児童や生徒は「不登校は悪いこと」「不登校になった自分はどこかおかしい」と自身を追い詰めてしまっているのではないかと思いました。本人や保護者，教員の「学校に通わなければならない」という思いが，本人の症状を悪化させ，結果として学習の機会を失う事態を生んでいるとも言えます。

「学校に通うか通わないかは，子どもの権利」「学びは権利」「多様な学びの環境を整える」ことに，数年前から文部科学省は動き出しました。それが「教育機会確保法」です。教育機会確保法の13条では「不登校児童生徒の休養の必要性」が認められており，児童生徒は学校を休んでも，自身を責める必要はありません。当時の文部科学省の前川喜平さんは，「不登校は問題行動ではない」というメッセージを発信しました。

中学校では，年度末に進級認定会議・卒業認定会議が開かれます。欠席日数の多い生徒の欠席状況等を担任が説明，教職員で協議します。最終的には校長が進級や卒業を認めていきます。

校長いわく「このままの状態のまま保留にしても，本人の将来のためにはならない」との理由で，筆者も卒業証書を渡してきました。しかし，中学時代に休んでいる最中のその生徒の学びの保障は，なかなかできなかったのが実情でした。教育機会確保法は，この問題に文部科学省が本腰を入れ，「多様な学びの場をつくりましょう」と呼びかけた法律とも言えます。

ほとんど全欠席に近い生徒に対して，また，保護者や教員も，無理に登校する児童生徒に「しばらく休もう」と言えるようになりました。しかし，「学校を休んでもいい」と認めるなら，同時に学校以外で学習のできる環境を保障し提供しなければなりません。

そこで，教育機会確保法の成立により，行政をはじめ関係組織による話し合いがなされています。文部科学省の「フリースクール等に関する検討会議」では，「不登校児童生徒による学校以外の場での学習等に対する支援の充実～個々の児童生徒の状況に応じた環境づくり～」といった報告がまとめ

られています。そこでは，教育委員会や学校とフリースクールなど民間の団体等との連携をより強くしていくことや，不登校の児童や生徒がそれぞれの状況に応じた支援を受けられるよう，経済的支援など具体的なサポートに取り組んでいくことなどが今後の課題とされています。

－教育機会確保法の基本理念－

1　全児童生徒が豊かな学校生活を送り，安心して教育を受けられるよう，学校における環境の確保

2　不登校児童生徒が行う多様な学習活動の実情を踏まえ，個々の状況に応じた必要な支援

3　不登校児童生徒が安心して教育を受けられるよう，学校における環境の整備

4　義務教育の段階の普通教育に相当する教育を十分に受けていない者の意思を尊重しつつ，年齢又は国籍等にかかわりなく，能力に応じた教育機会を確保するとともに，自立的に生きる基礎を培い，豊かな人生を送ることができるよう，教育水準を維持向上

5　国，地方公共団体，民間団体等の密接な連携

（出典：文部科学省「義務教育の段階における普通教育に相当する教育の機会の確保等に関する法律（概要）」）

15

大人が信頼されるよう
子どもと向き合っていく

▎なごや子ども応援委員会

　子どもを取り巻く状況を改善するために，国などの取り組みと同じくして，各自治体も動き出しています。

　名古屋市では，8年前に発生した中学生の自死を機に，「子どもを一人も死なせない」という願いから子どもを応援する機関「子ども応援委員会」が誕生しました。名古屋市長名で，「ナゴヤ子ども応援大綱」を発信することで，大人が「子どもたちを応援する！」というメッセージが強く打ち出されました。

　この大綱のもとに，多様な子どもたちを応援する様々な事業が展開されています。

　子ども応援委員会は，他の自治体にはない仕組みとして，名古屋市内の公立中学校110校を11ブロックに分け，各ブロックの拠点校に常勤の専門職を配置しています。

　常勤の専門職は，様々な悩みや心配を抱える子どもや保護者を総合的に援助するため，子どもに普段から関わりながら，すべての子どもたちの健やかな発達を支援し，子どもたちが主体的に人生の進路を探すことができるよう応援しています。

11ブロックの拠点校
子ども応援委員会リーフレットより

なごや子ども応援委員会は，次のような職員構成によって成り立っています。

> **－職員構成と職務内容－**
> ・スクールカウンセラー（SC）：公認心理師・臨床心理士等の専門的知識・経験を活かし，主に心理面からのアプローチを担います。
> ・スクールソーシャルワーカー（SSW）：社会福祉士等の専門的知識・経験を活かし，主に福祉面からのアプローチを担います。
> ・スクールアドバイザー（SA）：子ども・保護者や学校，地域，外部機関からの依頼・相談等の窓口役や庶務事務を行います。
> ・スクールポリス（SP）：元警察官が学校内外の見守り活動や必要に応じた警察との連絡を図ります。

　2020年度からは，従来のSCとSSWの業務を一体化し，より広い視野から総合的に子どもを応援・援助する総合援助職（HP：Helping Professionals）を配置し，より効果的な支援を行うことを目指しています。

　子ども応援委員会発足当時は，子ども応援委員会スタッフと教職員の連携がなかなかうまく進まないという実態が見られました。外部機関のスタッフは，学校の中ではマイノリティ，いわゆる少数派であります。学校の教職員は，どちらかというと「指導」する側。対して，子ども応援委員会スタッフは外部の人であり，「支援」する側です。この指導と支援がうまくバランスよく連携・協働できれば，子どもたちの可能性を引き出すことにつながると考えます。

　実際に，年を追うごとに，相談件数が増えてきています。これは，教員と子ども応援委員会スタッフの関係性が深まってくることにより，お互いを理解し合い，同じ目的のために協力し合うことが増えたからだと推測しています。

　チーム学校のメンバーとして，柔軟に活動できるようになれば，相談件数が増えるだけでなく，問題が解決していくことも増えることでしょう。

名古屋市が力を入れる"キャリア教育"

　文部科学省はキャリア教育が必要とされる背景として，「キャリア教育が求められる背景とその基本的な考え方」の中で次の項目を挙げています。

○少子高齢社会の到来，産業・経済の構造的変化や雇用の多様化・流動化
○就職・就業をめぐる環境の変化
○若者の勤労観，職業観や社会人・職業人としての基礎的・基本的な資質をめぐる課題
○精神的・社会的自立が遅れ，人間関係をうまく築くことができない，自分で意思決定ができない，自己肯定感を持てない，将来に希望を持つことができない，進路を選ぼうとしないなど，子どもたちの生活・意識の変容
○高学歴社会におけるモラトリアム傾向が強くなり，進学も就職もしなかったり，進路意識や目的意識が希薄なまま「とりあえず」進学したりする若者の増加

　多様化する社会の中で，自分の目標や進路が決められずにいる子どもが増えているのが現状と言われています。

　そこで，キャリアを形成するための意欲・態度・能力を育てる教育として，小学校からの段階的なキャリア教育を推進することになりました。児童生徒一人ひとりが勤労観・職業観を身につけ，自分の意思で将来に向けた行動ができるようになることを目標にしています。

(1)名古屋市子どもライフキャリアサポートモデル事業

　先に紹介した子ども応援委員会では，子どもの悩みを解決し，目前の進路にとどまらず「大きくなったら何になるの？」と一緒に考えて，将来の進路

を応援することもねらいとしていました。しかし，自分の子どもの将来を心配しての親子の自死等，深い悩みがまだまだ存在しました。そこで，臨床心理関係のスクールカウンセラー等でだけではなく，子どもの将来，いわゆるライフキャリアの視点で関わる専門家の必要性が唱えられました。

　そこで，主に教科を担当し，子どもたちが自ら考え，自ら学ぶ授業づくりを行う教員に加え，学校にキャリアの専門家の配置を推進し，人生を切り拓くスキルを子どもたちが自ら考え，自ら学ぶ環境づくりに取り組むことで，子ども一人ひとりの進路を応援するための事業「名古屋市子どもライフキャリアサポートモデル事業」が展開されました。

(2)名古屋市子どもライフキャリアサポートモデル事業の概要

　2018年10月から名古屋市内の6校を対象に，キャリアコンサルタントの国家資格をもつ職員（キャリアナビゲーター）の常駐が実施されました。

　矢田小学校（東区），植田東小学校（天白区），長良中学校（中川区），
　東星中学校（千種区），北高校（北区），工芸高校（東区）

　キャリアナビゲーターは，教員と連携協働しながらライフキャリアに関するサポートを行うというものです。具体的な内容には次のようなものがあります。

－キャリアナビゲーターのサポート内容－

・児童生徒には，ライフキャリア形成相談（個別相談），ライフキャリア形成に関する授業の実施など

・保護者には，ライフキャリア形成相談（個別相談），ライフキャリア形成に関する講演会の実施など

・教職員には，職場体験学習のコーディネート，キャリア教育にかかるコンサルティングなど

・その他として，ライフキャリアサポートに関する情報収集・提供，ライフキャリア形成支援に関する広報，キャリア啓発環境づくり支援など

---

(3)主な取り組み事例

　小学校では，児童同士がお互いのよいところを考え，伝え合うことで，他者から見える自分を知り，自己理解を深めるとともに，自己肯定感を育む取り組みを実施しています。

　児童を6人程度の少人数グループに分け，給食をともにしながら，「10年後の自分は何をしている？」など，様々なテーマでお互いに話し合うことで，自分の考えを深めるとともに，他者の考えを知ることの楽しさ，大切さなどに気づく取り組みを実施しています。

　中学校では，職業のイメージ図や職業に関する情報が書かれたカード（OHBYカード）を使用して興味理解や自己理解を深めるワークを実施します。

　事務職，企画職，技術職など領域の異なる様々な職業に就いている6名の講師による講話を実施することで，職業の理解や興味・関心を喚起する取り組みを実施しています。

OHBYカード「独立行政法人　労働政策研究・研修機構」発行

高等学校では，興味のある職業分野や職業適性がわかる検査（VRT）を実施し，まずは興味・関心のある分野の仕事を調べることで，将来の自分について考えることの重大性を伝える取り組みを実施します。

　就職するか，大学へ進学するか悩む生徒に対し，「なぜ就職するのか，なぜ進学するのか？」を生徒自身が自分で考えられるよう，個別相談に対応します。

　文理選択で悩む生徒に対する面接・進路選択の支援，ライフイベントコストゲーム，アンガーマネジメントを学ぶ授業，職業を通じた自己理解を育むOHBYカード（写真やイラストを使った職業紹介カード）での実践授業，VRT検査の実施や職業人講話の企画・運営，進学・就職で悩む生徒に対する進路選択の支援などを行っています。

キャリアナビゲーターによる職業興味の解説の出前授業

この事業の成果と課題

子ども応援委員会が発足し，学校外のスタッフが学校に常駐することについて，学校現場では，「何をやってくれるのか？」「どう協力すればよいのか？」「新しい業務が増えるのではないか？」という疑問や不安が発生しました。

この事業についても，導入された半年間は，子ども応援委員会導入のときと同様な現象が大なり小なり生じました。

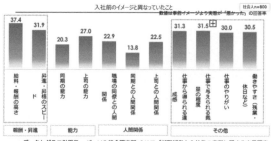

まもなく冬休みです。どんな年末年始を過ごすか、もう決めていますか？

特集　「リアリティ・ショック」って何？

「リアリティ・ショック」という言葉を知っていますか？
リアリティ・ショックとは、イメージしていたことに対して、「思っていたのと違った！」と感じるショックのことです。
皆さんも、工芸高校に入学してから「思っていたのと違った！」と感じたことはありませんか？会社に入ってからも「思っていたより残業が多かった」「服装規定が厳しかった」……と感じる出来事があるかもしれません。

入社後にリアリティ・ショックを感じる人の割合は？
さて、実際に会社に入った人たちは、どれくらいリアリティ・ショックを感じているのでしょうか？大卒者のアンケートによると、社会人1～3年目でリアリティ・ショックを感じた人の割合は、76.6%になるそうです。

リアリティ・ショックあり

７6.

また、何にリアリティ・ショックを感じたかは、以下のようになります。

入社前のイメージと異なっていたこと
数値は事前イメージより実態が「悪かった」の回答率
社会人 n＝800

報酬・昇進			能力		人間関係			その他			
給料・報酬の高さ	昇進・昇格のスピード	同期の能力	上司の能力	職場の同僚との人間関係	同期との人間関係	上司との人間関係	仕事からの達成感	仕事で与えられる裁量の程度	仕事のやりがい	働きやすさ（残業、休日など）	
37.4	31.9	20.3	27.0	22.9	13.8	22.5	31.3	31.5	30.0	30.5	

＊データとグラフ引用元 …パーソル総合研究所×CAMP「就職活動と入社後の実態に関する定量調査」
https://rc.persol-group.co.jp/news/201905220001.html

では、リアリティ・ショックが大きいと、入社後にどのような影響があるでしょうか？

リアリティ・ショックは早期退職につながる！？
内定承諾時には7割程度の人が会社に満足していますが、リアリティ・ショックが大きいと、3年目には満足度が5分の1まで下がるといわれています。リアリティ・ショックをなるべく小さくすることが、満足度を維持する秘訣といえそうです。

生徒，保護者，教職員にキャリア教育が目指す情報を通信を通して広報

生徒・保護者の皆様へ

11月 キャリアナビゲーター通信

キャリアナビゲーター渡邉江李捌

> 「読書は学問の術なり、学問は事をなすの術なり。」
> 〜福沢諭吉「学問のすゝめ」より〜

肌寒さが身に染みる時期となりました。キャリアナビゲーター渡邊です。
前回は、**「やりたいことリストをつくろう！」**をご紹介しました。書いてみて
いかがでしたか？「やりたいこと」は、見つかりましたか？

今月は、そんな皆さんの**「やりたいこと」を実現するための術**として、また、
やりたいことが見つからない人には、それを**見つけるための術**として**『読書』**
をおすすめします。一歩踏み出すために、背中を押してもらえるような、書籍内
のフレーズと合わせてご紹介します。

― ― ― ― ― ― ― おすすめ書籍 ― ― ― ― ― ― ―

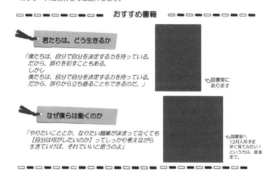

君たちは、どう生きるか

「僕たちは、自分で自分を決定する力を持っている。
だから、誤りを犯すこともある。
しかし
僕たちは、自分で自分を決定する力を持っている。
だから、誤りから立ち直ることもできるのだ。」

図書室に
あります

なぜ僕らは働くのか

「やりたいこととか、なりたい職業が決まってなくても
【自分は何がしたいのか】ってしっかり考えながら
生きていけば、それでいいと思うのよ」

図書室へ
12月入荷予定
早く見てみたい！
という方は、渡邊
まで。

― ― ― ― ― ― ― ― ― ― ― ― ― ― ― ― ― ―

本を読む時に大事なのは「読んで終わり」ではなく、**「読んでみて、何を感じた
か？」を考える**ことです。そして、それを誰かに伝え、意見交換をしてみて下さい。
友達でも、おうちの人でも、先生でも、渡邊でも、誰でも構いません。それだけで、
読書から得られるものは大きく変わります。そうした小さな積み重ねが、皆さんの
「やりたいこと」を実現するための大きな一歩となるでしょう。

キャリアナビゲーター通信

　筆者はこの事業の副総括として，学校にポツンと一人配属され常駐してい
るキャリアナビゲーターに対して，SV（スーパーバイジング）をする中で，
学校文化や新しい学びの情報提供や相談に乗りました。初めての生徒への出
前授業実施に際しては，事前に出前授業指導案の作成，当日の授業参観，授
業後での振り返り等の積み重ねを通して，キャリアナビゲーター自身の成長
の支援を続けています。

　このモデル事業も導入されて１年くらい経ってくると，キャリアナビゲー
ターと教職員との関係性が向上してきました。子どもたちへの出前授業では，

子どもたちが普段の教科学習ではあまり体験したことがないような内容に触れ，子どもたちの目や姿にさらなる「生き生きさ」が見られるようになりました。その姿を見た教職員は，キャリアナビゲーターに対しての信頼感が増すのは言うまでもありません。

さらに，中学校での職場体験学習も，以前は教職員が体験先を発掘し，事前事後指導も含め，すべて企画運営していましたが，その業務をキャリアナビゲーターが部分的に，あるいは全体的に担うことにより，教職員の長時間労働削減にもつながっています。チーム学校のメンバーとしてなくてはならない存在となってきました。

今後の展開

2020年10月から，名古屋市教育委員会による「ナゴヤ子ども人生応援サポーター事業」が始まりました。名古屋市立高校14校，養護学校４校に，「人生応援サポーター」が常勤配置されました。

先述の「なごや子どもライフキャリアサポートモデル事業」とともに，「次代を担う若者が生き生きと生きていくためのキャリア支援」をねらいとしています。さらなる事業拡大に向けての予算の工面が課題となっています。

「子どもたちをよろしく」への改めての提言

子どもたちとの向き合い方を，今一度見直してみませんか。

子どもたちは有能な可能性を秘めています。もちろん，失敗はあります。必ずと言っていいほどうまくいかないものです。うまくいかないことが多いのは当たり前。そこをもがき乗り越えていくことを，大人である私たちが，信じ，見守ることが必要。

大人は昔，子どもでした。思い出してみませんか。そのときの思いを。私

たちがそのときの思いを忘れ，大人としての役割だけで接していないでしょうか。エンパシーを働かせましょう。困っている人がはめている眼鏡をあなたがかけてみたら，どう見えるのでしょうか？　その人になりきってみて感じることが大切です。

　「困った人は困っている人。困った子は困っている子」

　大人が子どもに指図すれば，子どもにしてみれば「うざい！」と思うでしょう。

　「大人よ！　どの口が言っているの？」

　「大人よ，過去から学べよ！」

　生活に学習に困難を抱えている子どもたちに対して，社会全体で見守り支援する私たち大人は，子どもたちから信頼されているでしょうか。映画『子どもたちによろしく』に登場する大人は，子どもたちから信頼されていないように感じました。

　国，自治体，学校，地域，支援団体などに関わっている「大人が，子どもたちから信頼されるよう，子どもと向き合っていく」ことを本項目での提言とします。

（上井　靖）

Chapter3

小学校・中学校・高等学校
キャリア教育支援の実践アイデア

子どもたちに「出会いと挑戦」の場を

　主体的な18歳を社会に送り出すための学校コーディネートの事例として，小・中学・高等学校の事例をそれぞれ２つずつまとめました。

　小学校の２つの事例は，一般的に認識されている狭義のキャリア教育ではなく，体験活動を中心に気づきと情動に触れることによって，子どもたちの心を育むことをねらいとしています。小学校の出前授業では，先生も外部の協力機関も，単発型のイベントでよしとしてしまうことが多いですが，そこにひと手間かけることによって，子どもたちに残る印象や気づきが変わってきます。それこそ，学校目標に即したカリキュラム・マネジメントに組み込んだ設計を年度始めに設計しておくとよいでしょう。

　確かに，年度始めでは学年の持ち上がりでなければ，難しいでしょうし，担当学年が決まって間もない，担当する学年の児童を知らない状態では，なかなかそこまで計画することができないと思われるかもしれません。しかし，これからカリキュラム・マネジメントの運用が進んでいく中では，学校全体，各学年のビジョンが定まっていくことになります。そのビジョンに合わせた大枠を早い段階で設計しておくと，学校の行事予定や校庭，体育館，多目的室の使用状況に左右されることなく，また，授業の進捗が計算しやすく，出前授業もより計画的に実施することができるようになります。外部の出前授業を活用する先生や授業づくりに挑戦している先生は，こうした計画の実行が得意なので，周りのこのような先生を見つけてアドバイスや協力してもらうとよいでしょう。

　中学校は，生活や将来に直結した講座が非常に人気があり，「ライフコストイベントゲーム」は，名古屋市の中学校で展開されているものです。「15

の REAL」を実施している池田中学校は，地方創生の予算を活用し，町全体で教育に関わる大人を増やそうと考えた地域です。現在では，国の予算に頼ることなく，小学校，中学校と地域をつなぐコーディネーターが 2 名在籍しており，地元の大人が自身の15歳のときに何を考えていたかと，これからの中学生にメッセージを伝える「15の REAL」を実施しています。

　高等学校では，2022年より「総合的な学習の時間」から「総合的な探究の時間」に変わります。今後，PBL やプロジェクト学習が全体で展開されることが予想されます。その事例として比較的わかりやすいものを挙げました。「プロジェクトＴ」は，「総合的な学習の時間」からスタートしていますが，学校として，学習の中心に据えて，学習指導要領のねらい通りに各教科で学んだことを活かし，自身のキャリアとつなげる授業を展開しています。事例のどれもが個人差はあるものの，子どもたちの変容を短期的または長期的に見ることができるものでした。

　日本には教育 CSR という言葉があり，企業は学校教育に非常に協力的な国です。その一方で，企業勤めの経験のない先生は非常に遠慮深く，企業といった地域資源の活用をどのように進めてよいか迷われることがあるようです。地方のベテランの先生や校長先生は，地元企業とのつながりが強く，いろいろなケースでとてもよい関係を築いていることを目にします。これからは，「社会に開かれた教育課程」が理念として掲げられていますので，目標を共有しながら地域資源を仲間として協力関係を構築していきましょう。

　主体的な18歳を育むために，子どもたちが公平で平等に機会を得られるよう，学校教育の中で多様な「出会いと挑戦」の場を用意する必要があります。その際に，しっかりとした先生のねらいと学校教育目標を協働する関係者に共有し，授業設計を明確にして，外部の資源を活用してください。それができていれば，授業設計や準備を外部や地域コーディネーターに任せても丸投げとはなりません。社会格差は，子ども時代の教育格差によって引き起こされます。学力編重社会ではなく，生涯学習社会を見据え，子どもたちに多様な「出会いと挑戦」の場をつくりだすことを願います。 (山本和男)

01
アイシン環境学習プログラム

▌学びを継承すること

　小学校の児童を対象とした学校支援プログラムの事例として,「アイシン環境学習プログラム」があります。このプログラムは,遡ること2005年度に愛知県長久手市や瀬戸市において開催された,愛知万博(愛・地球博)が契機となっており,この万博で掲げられた理念である「自然の叡智」について考え,学ぶことを継承することが活動の動機となっています。

　「自然のもつすばらしい仕組みと,いのちの力」に感動することや,自然との様々なつき合い方について学びながら,多彩な文化・文明が共存する地球社会をつくりあげていくことを実践していくための取り組みを児童向けの環境学習プログラムとして,今日まで継承しています。

▌教育 CSR (Corporate Social Responsibility) のモデルとして

　2010年代から日本において,CSR に対して,企業が利益を求めることだけでなく,社会をつくる一人の仲間として社会的な影響に責任をもち,世の中がよくなっていくように努力する活動という考え方が浸透しています。これまでも,全国で様々な企業が,独自のスタイルで教育分野の CSR の取り組みを始めています。企業における教育分野への参加というと,単なる社会貢献だと考える方が多いですが,実際に教育 CSR を実施している企業の多くが「自ら与えることにより,児童・生徒・学生から得られることが多い」と実感しているようです。

大手製造業企業グループとの協働について

　筆者らは，愛知県内に本社を置く，大手製造業のアイシングループ11社との協働で，2006年度から継続的に体験型の年間学習プログラムを実施しています。プログラムを実施している地域は，アイシングループが事業所を置く愛知県三河地域を中心（一部は長野県上田市）とし，その13市町内の小学校を対象としています。

　将来の担い手となる児童が，明日の地域社会のため，ひいては未来の地球のために，自らが環境や，人間を含めた生き物へ共感し行動できる意識を育むことを重視して，学校現場での教育コーディネートの実践や教育プログラムの開発をアイシングループと協働で取り組んでいます。

　地域に根差した社会貢献活動を展開するアイシングループは，環境学習プログラムの教育効果のさらなる向上を図るためにも，教育団体であるNPO法人アスクネットをパートナーと位置づけ，課題解決に向け持続可能な事業協働・連携を進めています。

アイシン環境学習プログラムの流れと特徴

本プログラムは，単発的な学校出前講座ではなく，年間で４つの段階的な
ステップを踏むプログラムとなっています。

アイシン環境学習プログラムの概要

そのため，学校行事や年間の指導計画も考慮して，前年度末に関係する教
育委員会を通じて実施校を選定する形となっており，この意味では教育委員
会といった行政との協働も含んでいることとなります。そして，年度始めに
は，アイシングループの各担当者とアスクネットの担当コーディネーターが，
実施校の学校意向，教育目標，総合的な学習の時間における全体計画等を聞
き取り，「森」「水辺」「くらし」「産業」の４テーマから希望プログラムの決
定を導いています。

現在では，小学校の主に４・５年を対象とした年間プログラムを組み立て

ていますが，水やごみについての単元を扱う４年生，暮らしや産業の単元を扱う５年生で活用され続けてきた実績によるものが大きいと言えます。また，各授業終了後には児童感想の聞き取りと教員アンケートにて授業評価を実施し，効果測定をすることによってプログラムの改善を続けています。

(1)STEP 1　初回講座

初回講座の主なラインナップは，以下の通りです。

> **森**：土の中の生き物観察
> **水辺**：水の大切さ，川の生き物観察，ミニビオトープづくり，スナメリ君をすくえ！
> **くらし**：お買い物ゲーム，エコパーティへようこそ，エコライフすごろく
> **産業**：アイシンエコトピア見学

児童が「自然の叡智」を考えるきっかけにします。

初回講座は，アイシン環境学習プログラムにおける導入の位置づけであり，児童と講師の初めての出会いの場でもあります。基本は，１クラス単位で２コマ連続の授業で，「体験」＋「座学」の要素で環境の各テーマにおける「自然の叡智」を体験や講義から気づきを得て，環境への新たな視点を得ることをねらっています。

アイシン環境学習プログラム

(2)STEP2　愛・シンパシーワークショップ

　児童の環境意識の醸成や，エコな活動への動機づけをねらいます。

　神経衰弱のゲーム性を盛り込んだオリジナルのカードゲームを実施します。「人間」「海・森・川の生き物」などに変身して，その生き物が食べられる「えさカード」を取っていくゲームです。流れは，「『人間』が住む前」⇒「昔の暮らし」⇒「今の暮らし」といった場面があり，人間役が生き物に様々な影響を与えていきます。「今の暮らし」の場面では，人間が「ブラックカード（2枚引くとゲームオーバーとなる）」を生き物の住みかに置いていくことによって，環境破壊が起こっていきます。そういった人間の環境に対する行いを，人間・生き物の双方の気持ちになって考えていきます。

　ここ数年では，「ブラックカードとは，何を表しているのだろう？」という答えのない問いを立て，児童に自由に発想させることにより，「対話型の深い学び」の実践に近づけています。その結果，人間の行動や考えそのものが「ブラックカード」なのかもしれないというメッセージを投げかけ，改めて「私たち人間ができることは何だろう？」と考えさせ，その後の児童主体のエコな活動（エコアクション）への動機づけを行います。

オリジナルのカードゲーム

(3)STEP3　エコアクション

　児童主体で各学校の特徴を活かします。

　先述の「愛・シンパシーワークショップ」で自分ごとに環境に対するアクションの動機を得た児童たちが主体的に活動を実践していきます。実践は，各学校で自由ですが，ツールとして，「エコライフチェックシート」や「エコの気づ木」などのエコな行動を記録するものや，そこで感じた気づきなどを「見える化」するツールをプログラムとして学校に提供し，エコアクションに役立ててもらっています。

「見える化」するツール

　概ね2週間～1か月の期間を「エコアクション週間」として定め，各学校にて指導される例が多いですが，これまでの実践の中には，学校敷地内のビオトープ等の環境施設を再生する取り組みも見られます。そこでも，講師だけではなく，地域の専門的な知識や技術をもった大人の関わりもあり，地域を題材とした探究的な学びに寄与する場面も見られています。

(4)STEP4　エコトークセッション

　実践したことを自ら発信します。

　学びの記録や，さらなる気づきを児童目線で発信する場が「エコトークセッション」です。このアイシン環境学習プログラムの源泉とも言える，「愛・地球博」の会期中，実際に県下の小学生と企業が連携し地球環境のことを一緒に考え話し合う「エコトークセッション」からヒントを得て実施しています。柔軟な発想をもつ児童たちが未来への環境メッセージを宣言し，教員はもとよりアイシングループ，保護者や地域関係者も招き，その宣言を受け止めてもらっています。

エコトークセッション

▌この学習プログラムが残した価値とは

　このアイシングループとの事業協働による，環境学習の実績として，延べ約350校，約３万人の児童が参加しました。

　これらの活動実績により，2014年２月に経済産業省が主催する「第４回キャリア教育アワード」の「地域企業協働の部」において，「最優秀賞（経済産業大臣賞）」を受賞していることも，単なる環境の学びだけでなく，キャリア教育に寄与するプログラムであると認められた証と言えます。

アイシン環境学習プログラムが直面する課題

　生物多様性条約 COP10の開催により，環境について考える機会を得ていますが，大半の環境学習は人間目線から描いている場合が多いです。しかし，問題解決していくうえでは，地球上の生物全体の目線で児童の心を揺さぶるような体験型の環境学習の浸透が求められています。一方，コロナ禍では，オンラインでも継続できることが急務となり，2020年度においては各関係講師との擦り合わせによりリモートでのオンライン講座が実現し，アイシン環境学習プログラムも新たな局面を迎えています。

　ここ数年間では，アイシングループにおいても本プログラムは CSR → ESG → SDGs と企業価値を測る重要な構成要素として認識されつつありました。

　しかし，新型コロナウイルス感染症によって，世界中の企業が大打撃を受けている中，同グループも例外ではなく，企業活動においては，直近の経済効果を生み出すものでないため，優先的な案件になりがたいことは否めません。しかしながら，環境問題への活動や教育への投資を減らしてよいというわけではないと考えます。

　with コロナの時代に突入していく中で，ビジネスモデルも CSR も，前提とする条件が大きく様変わりしつつあります。これまで，アイシン環境学習プログラムは，リーマンショック（2008年）も東日本大震災（2011年）も経験してきており，いずれも企業活動に多大な影響を与えるものでありましたが，その当時のコーディネーターとグループ企業担当者が知恵を出し合い，乗り越えてきたのも事実です。

　今後，世界中が新型コロナウイルス感染症の影響を受ける中でも，SDGs の達成に向けた様々な取り組みが重要となります。今こそ，我々がこのプログラムにおいて種を植えてきた，これまでの児童が大人になったとき，自然の叡智を考える実践者へと再びなってもらうような，より本質的に学びの継承に迫る，次なる仕組みも大切なことであると考えます。

（荒井直人）

02

モノづくり魂浸透事業（学校派遣事業）

▍技能五輪全国大会を２年連続で愛知県にて開催

技能五輪全国大会は，青年技能者の技能レベルの日本一を競う技能競技大会です。その目的は，次代を担う青年技能者に努力目標を与えるとともに，大会開催地域の若年者に優れた技能を身近に触れる機会を提供するなど技能の重要性，必要性をアピールし，技能尊重機運の醸成を図ることに置かれています。愛知県は2019年，2020年と２年連続で技能五輪全国大会の招致に成功し，さらに2025年には技能五輪国際大会の招致を目指しています。

そこで，愛知県は2015年から県内の小学校，中学校，特別支援学校の児童生徒に技能者への憧れやモノづくりへの関心を深めることを目的に，学校へ技能者を派遣する出前講座を実施する，モノづくり魂浸透事業を開始しました。

▍講師の輪は年々広がりを見せる

協力企業・講師の発掘は，企業・関連団体等の他，技能五輪メダリスト等所属団体，日本技術士会中部支部などを中心に始めました。中でも，技能五輪メダリストの講座を充実させるべく，過去の大会のメダリストが所属している企業に直接協力も要請しました。技能五輪の種目には機械系や金属系の他に，建築系の造園やサービス・ファッション系の貴金属装身具などもありモノづくり分野は多岐にわたります。また，愛知県のモノづくりという点で経済産業大臣指定伝統的工芸品である有松絞り，名古屋友禅，三河仏壇，常

滑焼などの職人にも講師登録いただいています。

　常に新規講師の開拓は行っていますが，講師は一度学校で出前講座を実施すると，児童生徒のモノづくりへの関心が深まることを肌で感じ，仕事へのやりがいを感じることが多く，その後継続して講師登録をしていただけます。そのため，児童生徒にモノづくりの素晴らしさを伝える講師の輪は年々増加しています。

▌実施学校の特色に合わせた出前講座の工夫

　実施校の募集は，年度初めの４月に募集資料を愛知県から各教育委員会へ学校分発送した後に，各学校への募集資料送付依頼の電話かけを各市町村教育委員会で実施しました。また，昨年度の実施校へ直接電話かけも行いました。年間の講座実施数は45校と定めていますが，本事業開始後４年目から応募学校数が実施学校数を超えるほどの応募をいただくようになりました。過去に実施した学校からは講座満足度が高く，募集開始前に担当コーディネーターへ問い合わせをいただくほど，継続して応募をいただきます。さらに，実施学校の担当教諭が他校へ異動し，異動先の学校から応募いただくこともあり，教員の間でも広がりを見せていることが数字としても表れています。

　授業プログラムに関しては，出前講座が学習指導要領上のどの位置づけにあるのかを確認し，その内容が反映できるように調整を行います。アスクネットの特色でもありますが，あらかじめ固定されたパッケージ講座を学校へ提供するのではなく，担当教諭の指導案や児童生徒の様子をうかがい，学校ごとに講師にお話いただく内容を変えることで，児童生徒がより理解しやすい工夫をしています。このように，一方的に提供するのではなく，教員や学校の意向を詳細に確認することで，質の高い講座を目指しています。

　講座内容としては，技能五輪メダリスト等技能者による実演披露や児童生徒によるモノづくり体験，職業講話があり，以下に事例を紹介します。

講　　　師：atelier deux（アトリエ・ドゥー）　代表　榊原　敏洋さん
講　座　名：私だけのジュエリーをつくろう！〜人類最古のモノづくりから学ぶ
実　施　校：中学校特別支援学級１・３年生　計９名
授業科目：総合学習にて２コマ

　榊原講師は，技能五輪の種目の一つである貴金属装身具製作一級技能士であり，厚生労働省ものづくりマイスター認定の有資格者です。

　人類の歴史とほぼ同じくらいと言われる「装身具の歴史」「宝石」「貴金属」について，切る・削る・曲げる・叩くというシンプルな技術を組み合わせて作業する，美しく繊細な「ジュエリーづくり」の話を通して，現代につながるモノづくりの原点を学びました。作業の様子の動画や実際に使用する道具を見ながら，一つひとつ人それぞれに合うように作るジュエリーは，機械を使わずすべて手作りしていること，そこには様々な工夫があることを知りました。体験では，工夫して作られた道具を使ってペンダントを作り，「難しいことも工夫することでできる」ということを実感しました。また，技術のみではなく，「心をこめること」の大切さも伝わる講座にしています。

　榊原講師の問いかけや語りかけがとても温かく，「金属」「宝石」などの知識についても，生徒が発言した答えから話を広げるようにしていました。生徒はモノづくりの体験を通して達成感を感じ，楽しんでいる様子が印象的でした。普段接点の少ない大人との関わりや，講座の中の一つひとつの体験が，生徒の自信や今

ジュエリーづくり

後の学習や働く意欲の醸成につながることを感じる講座となりました。

　小学校，中学校，特別支援学校でも行うことが可能であり，講話の内容は各学校に合わせて変更しています。

講　　　師	夢小屋　代表　片岡　鉄雄さん
講　座　名	手づくりロケット教室
実　施　校	小学校４～６年生　計50名
授業科目	理科及び総合的な学習の時間にて３コマ

　１学年あたりの児童数が少ないため，４～６年生混合での実施としました。４年生は，理科の単元で「空気の圧縮」を学んでおり，空気を押し縮めることを，エアーロケットの製作や打ち上げ体験を通して触れることをねらいとしていました。５,６年生には総合的な学習の時間の科目として，理科や科学に興味をもつきっかけとすることをねらいとして実施しました。

　専用のペットボトルでエアーロケットを製作しました。羽の角を丸く切り，４方均一に貼りつけることは単純なようですが，打ち上げ時の軌道に大きく影響してきます。その微調整の重要性を後の打ち上げ時に体感していました。また，異学年混合だったこともあり，互いに協力し合う姿が自然と見られました。学年の

エアーロケットづくり

垣根を越えて交流することは，モノづくりという場だからこそ，多く見受けられます。

　その後，製作したエアーロケットで的当て競技を行いました。自分で作ったロケットを的に当てるために，打ち上げ時にロケットの向きを変えたり，空気圧をこまめに調節させたりしながら自分で工夫して考える児童が複数名おり，科学的な仕組みへの興味・関心が高まっていました。

　最後に，屋外で水ロケット打ち上げ体験を行い，高さ30ｍほどまで打ち上がる姿に児童は歓声を上げていました。終了後の質疑応答では，複数名の児童から講師への質問が挙がり，主体的に学びに向かう姿勢がありました。

講　　　師：有限会社　絞染色　久野染工場　専務取締役　久野　浩彬さん	
講　座　名：ハンカチ絞り染教室	
実　施　校：小学校４年生　計38名	
授業科目：社会科伝統工芸の単元にて２コマ	

　400年以上続く伝統工芸品の有松絞りを使って，絞り染のハンカチを作る体験講座です。体験を通して，社会科で学習している伝統工芸の学びを深めることをねらいとしていました。また，総合的な学習の時間と絡め，心を込めて作ったハンカチは，２分の１成人式で保護者の方にプレゼントする指導案も考えていました。

　元々何かをつくることが好きな児童が多く，絞り方が同じでも色のつけ方や，いかに綺麗に折るかによって柄が変わるなど，細かく観察しながら工夫する様子が見られました。社会科では教科書の写真でしか見ることのなかった有松絞りの作品に実際に触れながら，歴史や絞りの種類を教わることで，伝

ハンカチ絞り染

統工芸の知識をより深めることができたという児童の感想が目立ちました。教科書から学ぶ知識と，体験による感情への揺さぶりを同時に行うことで，これからの行動を起こす動機づけとなっていました。

　自分で折って世界に一つだけのハンカチを作れたことに感動している児童も多く，「久野講師がやっていたことを自分でもやってみたい」「今日教えてもらったことを家族にも教えたい」という声もあり，愛知県の伝統工芸に興味をもち，強い想いをもつきっかけとなっていました。

講　　師	：三河仏壇石川木彫所　石川　博紀さん
講 座 名	：木掘り教室
実 施 校	：小学校6年生　計23名
授業科目	：図画工作の彫刻・色づけをプロから学ぼう，の単元にて3コマ

　この学年は，12月から卒業製作として，オルゴールの木箱の製作に取り組んでいました。その製作にあたり，彫刻や色つけのプロからその技術を学ぶことを出前講座の位置づけとしていました。

　仏壇彫刻に使用する松材を，縦横5，6cmの大きさで，糸鋸で型状に切りぬいたものを準備し，彫刻の体験をしました。彫りあがりに色つけをし，キーホルダーの金具をつけて完成させます。講座冒頭に石川講師が児童の前で実演し，彫刻刀で怪我しないように彫刻刀の持ち方や伝統の技法を指導しながら体験しました。

　彫刻を始める前の児童は，「けっこう簡単そうだな」と思っていたようですが，自分で実際に彫ることで木をなめらかにすることの難しさを知り，モノづくりの奥深さを体感していました。児童は，これからももっとモノづくりを体験したいと言っていました。

オルゴール製作

　その他にも児童の感想で，「どちらかと言えば不器用で，何年か前に彫刻刀をやったときに汚くて怒られてしまい自信をなくしていたけれど，今日やって自信がつきました。今度はもっとすごいものを作りたいです」とありました。短期間で児童たちが，ぐっと木彫りの魅力に引き込まれていました。また，ここでも作業中や片づけの際に，他の児童に彫刻方法を教えたり，片づけを手伝ったりする姿があり，他者を思いやる気持ちが見られました。

（安藤仁美）

03

ライフイベントコストゲーム

　ライフイベントコストゲーム（以下，LECG）とは，社会人1年目の生活にかかるコスト（＝費用）を体験するゲームです。働き方の格差をシミュレーションでき，様々なことを気づかせられるゲーム。だからこそ，気づかせたい事柄を明確にして取り組むことが求められます。

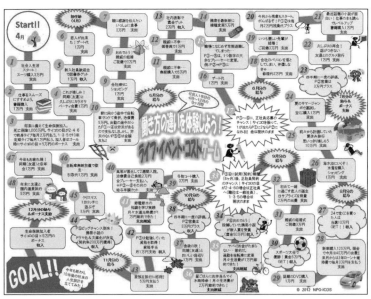

ライフイベントコストゲーム

▌学校で「お金」について学ぶ機会は限られている

　思い返すと，学校で「お金」について学ぶ機会は，どのくらいあったでしょうか。社会科や家庭科で，経済や消費生活について学ぶ機会があります。しかし，現実で起こることを自分事として考えていたでしょうか。授業料，奨学金の返済，中小企業と大企業の収入の差，フリーターやニート状態の収支など。これらを他人事だと思っている人がどれほどいるでしょうか。ましてや，お金の本質を理解し，副業や起業，投資などの資産形成について，普通に考えられる大人になるための教育は行われているでしょうか。

　公教育では，指導者は公務員です。安定した職業の筆頭である公務員が「お金」の授業をすることは容易ではないでしょう。しかし，それを助ける様々なコンテンツが開発されています。その一つが，LECG です。

　社会に出るまでは，もらう側であり，社会に出たら出ていくばかりです。最低限の支出は避けられず，お金の負担から逃れることはできません。その一例が，社会保障です。社会保障や労働法についての教育の必要性が叫ばれているものの，実際に学校現場で授業が行われる機会は少ないです。その原因は，子どもが当事者として制度を活用することが想像しにくいからでしょう。先生にとっても，その分野の指導を得意としている方は少ないのではないでしょうか。正社員を雇用すると社会保険（健康保険，厚生年金保険）を半額負担する必要があります。そのため，フルタイムを雇いたくない，パート，フリーターを組み合わせる方法が合理的だ，という考えに至る企業も多いです。

　働く人にとっては，パート，フリーターは一見楽です。そのため社会保障の出費などを考えずに安易に選択してしまいがちです。ただ，世の中のことを知れば選択は変わるかもしれません。社会に出る前にこれらの教育を提供したいとき，実施すべきものの一つが LECG です。

LECG の準備

　まず，授業者が LECG を子どもたちに実施するリスクを認識しなければなりません。「ニート状態やフリーターが悪ではありません。これは，あくまでゲームです」と必ず伝えます。兄妹や親戚にニート状態やフリーターがいる場合があるからです。

　LECG は，プレーヤー6人で行います。
　まず，6人それぞれサイコロをふり，出た目の大きい人から好きなプレーヤーを選びます。

プレーヤー①

：大学を卒業 !! 大手企業へ就職。給与は手取りで月18万円。ボーナスはサイコロ目×10万円

プレーヤー②

：高校を卒業 !! 中小企業へ就職。給与は手取りで月15万円。ボーナスはサイコロの目×8万円

プレーヤー③

：大学は卒業したけど就職できず，派遣社員で働く。初任給手取り14万円。ボーナスなし。

プレーヤー④

：高校は卒業したけど就職できず，フリーター。月収11万円。ボーナスなし。

プレーヤー⑤

：芸人にあこがれてフリーで活動。月収はサイコロで奇数が出たら×5万円。ボーナスなし。

プレーヤー⑥

：ニート状態。月収0円。ボーナスなし。人見知りだが，読書や，物語を書くことが大好き。

次に，生活スタイルを決めます。サイコロをふって奇数が出たら<u>親と同居</u>。偶数が出たら<u>一人暮らし</u>。これで変わってくるのは，毎月の生活費と出費です。

	親と同居	一人暮らし
生活費	6万円	12万円

　社会保障については現実と同様に設定されています。
　プレーヤー①～③（正社員・派遣社員）は，すべての社会保険に会社で加入しているため，給与から天引きされます。労災もあるため業務中の傷病にかかる治療費がかかりません。休職しても給与は変わりません。
　プレーヤー④～⑥（フリーター・フリーで活動・ニート状態）は，国民保健・国民年金の支払いで毎月2万円が支出されます。
　プレーヤー⑤・⑥（フリーで活動・ニート状態）は，労災がないのですべての病気・怪我の治療費がかかります。お休みした分，ゲーム盤で指示のある分の給料も減ります。

【生活費の内訳】
親と同居
：食費　4.5万円（＝1,500円／日×30日），
　水道光熱費　0.5万円，交通費　1万円
一人暮らし
：家賃　5万円（共益費込），食費　4.5万円，
　水道光熱費　1.5万円，交通費　1万円

　ここまで確認し，いよいよゲームスタートです。スタート時は，学生時代に貯めた貯金5万円を持っています。

ライフイベントコストゲーム（ゲーム開始～振り返り）

シミュレーション　シート　　（金額単位：万円）　　　年　　組　氏名

項目		NO	4月	NO	5月	NO	6月	NO	7月	NO	8月	NO	9月	NO	10月	NO	11月	NO	12月
収入	貯金(学生時代):5万円 ⇒	貯金		5		—		—		—		—		—		—		—		—
	○P1:給与18万円 　　ボーナスサ目×10万 ⇒	給与/月収		—		—		—		—		—		—		—		—		—
	○P2:給与15万円 　　ボーナスサ目×8万 ⇒	ボーナス		—		—		—		—		—		—		—		—		—
	○P3:給与14万円 　　ボーナスなし	イベント1																		
	○P4:月収11万円 　　ボーナスなし	イベント2																		
	○P5:月収は奇数出たら×5万 　　ボーナスなし	イベント3																		
	○P6:月収0円。																			
	収　入　計																			
支出	○生活費:親と同居　毎月6万円⇒ 　　一人暮らし　〃12万円	生活費		—		—		—		—		—		—		—		—		—
		〃増減																		
	○国民保険、年金 　P4～P6のみ毎月2万円⇒	保険年金		—		—		—		—		—		—		—		—		—
	○No.3で生命保険加入者⇒ 　サイコロの目2、4、6、⇒毎月2万円 　サイコロの目1、3、5、⇒毎月1万円	生命保険		3																
		イベント1																		
		イベント2																		
		イベント3																		
		イベント4																		
	支　出　計																			
合　計	総合計																			

シミュレーションシート

　一人目がサイコロをふり，ゲームが開始します。【スーツ購入，３万円の支出】。「スーツってこんなに高いの!?」の声。シミュレーションシートに記入します。給料マスを通過し，ニート状態でなければ収入を得ます。

【スーツ購入，３万円の支出】

ゲーム中盤。【職場になじめず早期退職】【正社員応募のチャンス！】【ご祝儀で３万円の支出】などのマス。「総資産がマイナスになってしまった…」の声。

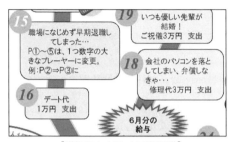

【職場になじめず早期退職】

ゲーム終盤。【携帯小説のドラマ化＆文庫化が決定（契約料200万円獲得）】。ニート状態から一発逆転！…と思いましたが，総資産は少なかったようです。

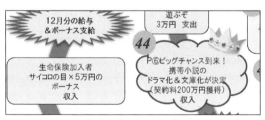

【ビッグチャンス！】

12月の給料を得てゲーム終了。総資産を計算します。子どもたちは，どのような感想を残すのでしょうか。

名古屋市立長良中学校での実践

　長良中学校には，名古屋市子どもライフキャリアサポートモデル事業のキャリアナビゲーター（以下，CN）が常駐しています（令和2年9月現在）。当時の2年生の総合担当教諭から依頼を受け，LECG を実施することになりました。

　当日，国家資格キャリアコンサルタント6名を講師として招き，6クラスで実施しました。メリットは，担任の準備が非常に楽，ゲームで生じるリスクへの対応，専門家の授業という特別感もあります。先生も生徒とともにゲームに参加し楽しみ，学ばれました。

　生徒はゲーム後に，「ニート状態の現実は厳しい」「社会人は思ったほど甘くない」「今のうちからお金について理解すべきだ」「親に感謝したい」などの感想を残しました。

名古屋市立工芸高等学校での実践

　名古屋市立工芸高等学校にも CN が常駐しています。LECG を実施したところ，中学校同様，非常に盛り上がりました。

　「総合的な探究の時間」で実施。プリントを生徒に渡し，「グループでルールを読んで，理解したらスタートしてね」と伝えてすぐにスタート。教師からの説明はほとんどなし。この進め方には，先生から「もっと丁寧に説明すべきでは？」と疑問の声がありました。しかし，やってみると生徒たちは主体的に，対話的にゲームを進めることができました。今では，先生も生徒に任せる形で実施しています。

　工芸高校では，約半数の生徒が就職します。そのためか，感想には「社会保障の大切さ」「一人暮らしと実家との生活費の違い」について多く書かれていました。先生からは「社会に出たらどうなるか，具体的にイメージさせることができる」と好評で，継続してこのゲームを実施しています。

もう一つのねらい

今の子どもたちは，出来上がったものを楽しむばかりです。よく言えば，完成されたおもちゃ，完成されたゲームです。ただ，異年齢の子ども集団で集まり，ルールを決めるなど，ゲームをつくり上げる楽しさを味わうことは少なくなってきています。

LECGは，つくり上げる楽しさを味わうことのできるコンテンツです。進め方や疑問点について，すぐに授業者に質問するのか，話し合って自分たちで解決できるのか。課題を発見し，対話や議論をし，解決する能力が必要です。授業者は，自分たちで解決できたグループを見つけて，褒めるとよいでしょう。社会に出たら，正解はないということの予行演習をしているのです。

その他のコンテンツ

LECG 以外にも，お金に関する様々なコンテンツが開発されています。例えば，「生活設計・マネープランゲーム」「知ろう！学ぼう！お金の使い方」（全国銀行協会）などがあります。

LECG を含むこれらのコンテンツを実施するだけでは，「お金の本質」まで理解できるわけではありません。「どうしたら幸せになれるか？」の問いには多くの場合，お金が関わってくるでしょう。まずは先生がお金から逃げずに向き合うことが大切です。

（長谷川涼）

04

池田中学校「池中15の REAL」

■ 社会人講座プログラム「池中15の REAL」の誕生

平成27年度から，岐阜県揖斐郡池田町では，「池田町地方創生総合戦略」として，町民が主体となり地域の課題を発見し，解決策を考え，実行に移していくプロジェクトが動いています。

アスクネットでは，地域でキャリア教育を広めていくプロジェクトに携わり，行政（池田町教育委員会），町民の代表（アイデア工房），アスクネットが一体となって議論を行ってきました。

そして，町民が主体となってキャリア教育を推進していくにあたり，次の4つの取り組みを実施してきました。

> (1)地域キャリア教育コーディネーターの育成
> (2)教員向けキャリア教育研修の開催
> (3)町民向けキャリア教育イベントの開催
> (4)池田町立池田中学校におけるニーズに合わせた教育プログラムの作成

(1)地域キャリア教育コーディネーターの育成

地域キャリア教育コーディネーターの育成では，池田町在住・在勤の2名のコーディネーターが，キャリア教育コーディネーター育成研修を修了した他，関係各所への訪問や OJT を通して様々な事例やコーディネーターの役割を学びました。そして，池田町教育委員会を拠点として，適時学校に訪問し，様々な教育プログラムのサポートを行っています。

(2)教員向けキャリア教育研修の開催

　教員向けキャリア教育研修の開催では，キックオフとして子どもの気づきや学びが飛躍するポイントについて考え，共有し，池田町の教員同士で学び合う機会を設定しました。さらに，文部科学省国立教育政策研究所より講師をお招きし，「子どもの生きる力を育むために市民・教員ができること」についての講演も実施し，行政，町民，学校現場の教員が一体となった学びの場の中で，子どもたちが主体的に取り組むことの重要性を再確認するきっかけとしました。

池田町教育委員会で活動しているコーディネーター吉田さんと高野さん

(3)町民向けキャリア教育イベントの開催

　町民向けキャリア教育イベントの開催では，池田町在住の講師をお招きし，子どもたちが社会に求められるコミュニケーションについて講演をしていただいたほか，地域の町民が抱える悩みを共有し，キャリア教育の切り口から解決方法を話し合いました。参加者である町民もキャリア教育を考え，自らの子育てや子どもとのコミュニケーションを考えるきっかけとなる場としました。

(4)池田町立池田中学校におけるニーズに合わせた教育プログラムの作成

　池田町立池田中学校におけるニーズに合わせた教育プログラムの作成では，2名のコーディネーターを中心に，学校が抱える課題や負担について担当の教員からヒアリングを行いました。それを踏まえてアスクネットとともにサポートできることを考え，プログラムを提案し，2名のコーディネーターが池田中学校での職場体験のサポートを実施していくこととなりました。このような取り組みを通して，「池田町地方創生総合戦略」の一環であるキャリア教育プロジェクトを進めてきました。

　そして平成29年度より，学校の教育目標である「志をもって未来を切り拓け」に基づき，夢や志をもった大人との出会い（対話）が自らの将来の夢や目標につながる取り組みを行いたいという池田中学校からの要望と，将来地元で働くという選択肢が生徒たちに一つでも多く生まれるように「働く大人の思いに触れる機会」を創出することが池田町の目指す「キャリア教育の充実」の一環であることから，社会人講座（座談会）の分科会プログラムの実施が始まりました。

　このプログラムは，大人や将来へのあこがれを感じるとともに，社会で活躍する大人から「主体的に活動すること」の必要性を感じてもらい，その結果，生徒が自らの将来に置き換えることで，明確な進路目標をもち，日々の学習や中学校生活の充実につなげることを目的としています。

　池田中学校に地域で活躍している大人15名を招聘し，中学3年生になる生徒たちが大人たちとの対話を通して，「働く」とは，「やりがい」とは，「挑戦する」とは，いったいどんなことなのか，その大人は，15歳のとき何を思っていたのか，自分たちがもつ疑問を大人たちにぶつける内容から，「池中15の REAL」と銘打ち，池田中学校の定例講座として現在も実施しています。

▌「池中15の REAL」プログラム概要

1．実施場所：池田町立池田中学校
2．実施時間：2時限分（休憩時間含む） 130分
3．参 加 者：池田中学校3年生
4．講　　師：15名
5．目的

　大人や将来へのあこがれを感じるとともに，社会で活躍する大人から「主体的に活動すること」の必要性を感じてもらい，その結果，生徒が自らの将来に置き換えることで，明確な進路目標をもち，日々の学習や中学校生活の充実につなげることを目的とします。

6．実施内容・形式

　上記目的に合わせた社会人講座（座談会）の分科会。15名の講師を招聘し，志をもって働くことや挑戦することの大切さ，今挑戦していることなどを話してもらいます。生徒には事前に15名の講師の中から3名の講師を選んでもらい，1回20分の講話を，1回の講話ごとに講師のブース（車座になって話を聞く形式）を移動して，合計3回（3名）の話を聞きます。

　また決して受動的ではなく，主体的に自分の興味・関心から講師の話を聞いてほしいという思いから，各講師に参加生徒の人数を偏りなく割り振ることはせず，生徒の選択を尊重し，聞きたい講師の話を聞いてもらいます。

7．プログラムの流れ

　整列，先生からの挨拶　　（5分）
　ルール説明　　　　　　　（5分）
　講師紹介　　　　　　　　（15分）
　1回目（移動＋座談会）　（20分＋20分）
　2回目（移動＋座談会）　（10分＋20分）
　3回目（移動＋座談会）　（10分＋20分）
　まとめ，終わりの挨拶　　（5分）

▌「池中15の REAL」実施事例

　令和２年９月29日，池田中学校にて４回目となる「池中15の REAL」を実施しました。

　今回の実施にあたり，池田町の目指す「キャリア教育の充実」の一環として，生徒たちにとって将来地元で働くという選択肢が少しでも多く生まれるようにすることを掲げていることから，より地域の色を出すために，池田町在住または在勤の講師を多く選定しました（今回は15名中９名が池田町在住または在勤）。

　そして，農家・清酒製造・建築士・デザイナー・アナウンサー・新聞記者・旅館経営者・フードコーディネーター・美容師・薬剤師・看護師・保育士・弁護士・地域おこし協力隊といった，多種多様な職業の講師を招聘し，それぞれの働き方や考え方をもって社会で活躍するあらゆる大人を知る機会となるように意識しました。

講師紹介　　　　　　　　　　　講話を聞く生徒

　プログラム当日は，体育館で３年生全生徒と15名の講師の顔合わせを行った後，選択したブースを移動しながら，３回の講話を聞きました。講師には，自身や仕事に対して生徒により身近に感じてもらうために，仕事で使う道具や写真，映像を使って話をしてもらいました。

　講話中は，終始和やかな雰囲気で進んでいき，講師の話が終わった後も，講師に直接話を聞きに行く生徒や，道具を直に触りながら講師から説明を受

ける生徒など，講師と関わる姿がありました。普段，なかなか会うことのできない大人との交流を通して，生徒の新しい姿を垣間見ることができました。

　講師からも，生徒たちに自身の話をすることで自分の仕事を振り返るよい機会になったと，プログラムを有意義に感じていました。

■「池中15の REAL」を通した生徒の気づき

　これまでに池田中学校では，4回の「池中15の REAL」を実施してきました。ここでは，プログラムを通して生徒が将来の進路に対する考え方や職業観についてどのような気づきが得られたのか，令和元年に実施した「池中15の REAL」の生徒アンケートを参照に紹介します。

　まず，「将来の進路選択や職業選択について考えるきっかけになったか」という質問に対して，全体の生徒の約95％が「進路選択や職業選択について考えるきっかけになった」と回答しています。さらに，「今回の講座が，今後どのような場面で影響を及ぼすか」という質問には，多くの生徒が「将来の夢・目標」「進路選択」「職業選択」に影響を及ぼすと回答しており，本事業のねらいでもある，大人との対話を通して，生徒が自身の未来を考えるきっかけを与えることが達成できたと考えられます。

　また，生徒の感想には以下のような内容がありました。

> 　今のうちに自分の得意なことを見つけて，得意なことは伸ばしていきたいと思いました。

> 　マナーや挨拶を自分からしっかりとすることで，人間関係がよくなることを学びました。また，将来の目標を早めに決めると，それに足りないことが見えてくるとわかりました。

> 　興味のある仕事をイメージしながら夢を決めていきたいし，将来何が起こるかわからないから，なりたい職業をたくさん調べておきたいと思いました。

> 　周りや人に流されるのではなく，自分がやりたいと思った意志を行動に移せることはすごいと感じました。私もどんな場面でも自分の意志をしっかりともてるようになりたいです。

　このような生徒たちの気づきから，「池中15のREAL」の実施が，生徒にとって自身の将来を考えるきっかけや新たな学びを得る機会となり，日々の学習や学校生活の充実につながるものであると考えています。

▍今後に向けて

　「池中15のREAL」は，池田中学校の「志をもって未来を切り拓け」という教育目標に基づき，夢や志をもった大人との出会いを通して自らの将来の夢や目標につながる取り組みを行いたいという要望と，将来地元で働くという選択肢を生徒たちに一つでも多く与えるという池田町が目指す「キャリア教育の充実」を背景に誕生したプログラムです。これまでの実施を通して，生徒たちには自身の将来に向けて考えるきっかけや今後の人生を送るうえで大切なことや新しい価値観などを学ぶ機会を与えることができたと実感しています。

　一方で，この場で学んだことが，日々の学習や学校生活に影響を及ぼすと考えているものの，実際の学校生活に活かしている生徒は決して多くはないという現状もあるため，生徒には学んだことをどのような場面でどのように活かすことができるか指し示すことができるような講話を組むことや，生徒

との対話の中で何のために今，学校で勉強するのか，学びが将来どうつながるかを気づかせる仕組みを創出する必要性があると考えています。

　今後は，2021年より中学校で全面実施される新学習指導要領に即した「知識・技能」「思考力・判断力・表現力等」「学びに向かう力・人間性等」の三つの柱からなる資質・能力を伸ばすプログラムや，さらには池田町の未来を考えるプログラムを学校のカリキュラムの中で他の取り組みとよりいっそう強く結びついた位置づけとするなど，これまで以上に効果的なプログラムの実施が求められていくでしょう。

（国枝宣樹）

05

学校法人黄柳野学園黄柳野高等学校 「プロジェクトT」

▎生徒・学校・地域を変えるキャリア教育

　「キャリア教育」という言葉が日本で使われ始めて，20年が経ちます。当初キャリア教育は，文部科学省中央教育審議会において，

> 　望ましい職業観・勤労観及び職業に関する知識や技能を身に付けさせるとともに，自己の個性を理解し，主体的に進路を選択する能力・態度を育てる教育

と定義されていました。

　この一文からもわかる通り，当時はキャリア教育と職業教育が明確に分けられておらず，キャリア教育は進路を選択する力を身につけさせることを目的としていたことが伺えます。

　現在ではキャリア教育は，

> 　一人一人の社会的・職業的自立に向け，必要な基盤となる能力や態度を育てることを通して，キャリア発達を促す教育

と定義されています。

　このように「一定又は特定の職業に従事するために必要な知識，技能，能力や態度を育てる教育」である職業教育とは区別されています。

今やキャリア教育は就業に向けての教育ではなく，一人の個人としての自立に向けた教育であると言えます。教科書もなく捉えどころがないうえに，時代に合わせて変化していくキャリア教育は，どのように実践していけば，生徒の成長や自立を促すことができる教育プログラムとなるのでしょうか。

　本節では愛知県新城市にある黄柳野高校を題材に，高校におけるキャリア教育のあり方について考えていきたいと思います。

▎黄柳野高校とプロジェクトＴ

　黄柳野高校は「市民立」の学校です。どのような子どもたちにも門戸を開いた，教育の原点に立ち返った学校をつくろうという趣旨のもと，1990年に黄柳野高校設立準備委員会が発足しました。

　多くの市民が寄付金募集活動に協力した「市民参加」での学校づくりとなり，定員問題や資金不足の問題などを乗り越え，1994年4月に黄柳野高校は開校しました。

　黄柳野高校は決して不登校の生徒や中途退学者のための高校ではなく，どのような層の子どもたちにも門戸を開いている高校なのですが，開校時には不登校6割，中途退学者3割の学校としてスタートをしました。

　現在は136名の生徒が在籍しており，その約7割が不登校経験者です。

　アスクネットでは2013年度より学校設定教科「プロジェクトＴ」のコーディネートをしています。プロジェクトＴでは「社会とつながり，社会で生きていく適応力を身につける」ことを目的に，(1)〜(6)の6つのコースに分かれたPBL型学習とインターンシップを実施しています。

　生徒たちは関心のあるコースに所属し，毎週の授業で各テーマについて学びます。その概要は以下の通りです。

(1)養鶏と経営

　自分たちで鶏を飼い，卵を生産しています。鶏舎を建てることも，エサとなる虫やカニなどを集めることも授業で展開されます。新しくひよこを入れる雛入れから，卵を産まなくなった鶏を処分する廃鶏までも自ら行います。産まれた卵は校内で販売されたり，地元の飲食店で使用してもらったりしています。

(2)地域振興

　地元新城市の新たな名産をつくろうと商品開発を目指しています。地元の農家と協力してバターナッツというカボチャを使ったプリンを開発して販売しています。初めは学園祭のみの販売でしたが，軽トラ市という地域イベントにも出店したり，地域のこども園に配布をしたりと，プリンを活用して地域交流を深めています。

　また，新たな商品の企画にも挑戦しています。

(3)ボランティア

　福祉，リサイクル，自然災害，地域のごみ拾いの4つを柱として学習をしています。地元の老人ホームを訪問したり，地域の美化活動に従事したりと積極的に地域に飛び出した活動を展開しています。自然災害の分野では，東日本大震災や熊本地震，西日本豪雨の復興ボランティアにも出かけるなど，広い範囲で活動しています。

(4)消防団と防災

　2013年5月に男子寮で火災が発生し，1名の男子生徒が亡くなりました。その惨事を繰り返さないために，校内パトロールや消火ポンプの点検などの活動をしています。消防署への訪問や，地域の防災イベントへの参加もしています。その他，救命講習会へ参加したり，危険物取扱者資格取得に向けた学習などもしたりしています。

(5)IT と情報発信

黄柳野高校や地元新城市について，より多くの人に知ってもらうため，SNS や紙媒体等を通じた広報活動を行っています。プロジェクト T の他チームの取材をまとめたり，地域の商店街をインタビューしたりして，情報発信するための取材などを通じてコミュニケーション能力を高めていきます。

(6)フェアトレード

「新城市をフェアトレードタウンにする」という大きな目標を掲げて，活動をしています。児童労働などの社会課題について学んだり，実際にフェアトレードショップに視察へ行ったりなどのインプットの活動から始まり，自分達で材料を仕入れ商品を作って販売したり，ワークショップを開催したりなどのアウトプット活動へと展開させています。

　生徒たちは，上記のいずれかのコースを選択して 1 年間活動をしつつ，10 月下旬には，3 日間程度のインターンシップに参加します。1 か月程前から，ガイダンスや事前学習をプロジェクト T の授業内で実施してインターンシップに向けて準備をしていきます。その講師としては外部講師やアスクネットのスタッフが登壇します。インターンシップ受入先としては，旅館，飲食店，美容室等のサービス業や，こども園，児童デイサービス等の教育関係機関，市役所や図書館，博物館等の行政機関，農業，林業等の第一次産業，自動車整備や木材関係の工場など多岐に渡ります。

　実施内容は受入先によりもちろん異なりますが，受入先には，コミュニケーションの量を増やしてもらうこと，作業ベースの体験をさせてもらうことを特に意識してもらっています。終了後には事後学習を行い，一連のインターンシッププログラムが終了します。生徒たちはこの体験を 3 年間続けます。

プロジェクトTが起こした変化

　様々な困難や背景を抱えて入学してきた生徒たちも，３年間の学びで大きく変化します。プロジェクトTでは，３年生の最後の課題として３年間で学んだことをレポートでまとめるというものがあります。

　そして，数名の生徒は全校生徒の前で発表をします。

(1)プロジェクトTについて発表した３年生

　ある３年生の生徒は，その発表の中でプロジェクトTについて下記のように述べています。

　２年生になって，ボランティアコースに興味本位で入りました。僕は１年生のときには，ボランティアにまったく興味がなく何も感じていませんでした。でも東北ボランティアに行ったとき，土に触れた瞬間すごい衝撃を受けました。今住んでいる場所とは，まったく違う空気でその場その場すべて時が止まっているように感じました。津波が起きた時間で止まっている時計。家の中にトラックが突っ込んでいたり，ぺっしゃんこになった自販機。あの時の衝撃は一生忘れないと思います。

　ボランティアは，力作業などそっち方面がボランティアだと思っていました。東北に行ったときは仮設住宅の方とお話しをして，いろんな話を聞きました。その話を真剣に聞いたり，質問したり，話したりすることで仲良くする。そして，聞いた話を他の人に伝えるということも大事なボランティアだと感じて勉強になりました。

　この生徒は堂々とした態度で全校生徒に向かって発表をしていたのですが，実は１年生のときは人との会話が極めて苦手で，それゆえ自信がなく何事も

主体的に取り組めずにいました。当時の様子からは，全校生徒の前で発表するなどということは想像すらできませんでした。しかし，現場での生の体験がこの生徒のエネルギーを呼び起こし，その後この生徒はチーム内でも中心を担うようになっていったのです。

(2)プロジェクトＴについてレポートを書いた別の３年生
　一方，３年間の活動により徐々に変化していった生徒もいます。別の３年生の生徒は，レポートの中で下記のように述べています。

> 　プロジェクトＴでは，３年間フェアトレードチームでした。最初は教室が隣だったので楽そうだという軽い気持ちで入りました。でも勉強していくにつれて，この活動によって途上国の生産者を助けて笑顔にできることを知りました。３年目はチームで新城市のフェアトレードタウン化の目標に向かって活動する中で頑張ろうと思いました。フェアトレードを通じてたくさんの人とつながることができて楽しかったです。

　この生徒は，無気力な状態が続いていました。授業の出席率も，当初は決して高くはありませんでした。しかし，プロジェクトＴの授業を続けていく中で学ぶことの意味や活動することの楽しさを感じるようになり，学びに対する姿勢が変化していったのです。
　この２名の生徒の言葉からは，２種類の生徒の成長モデルが見て取れます。つまり一つの大きな体験で変化のスイッチが入るケースと，継続的な活動を通じて徐々に変化していくケースです。どちらが正しい，有効だというわけではなく，異なる種類の機会が複数あるということが重要です。多様な生徒を一つの要素で変化させることには無理があります。プロジェクトＴでは，多様な生徒に対して多様な学びの機会が提供されているのです。

(3)インターンシップについて感想を書いた３年生

　同様のことは，インターンシップについても言えます。ある３年生の生徒はレポートの中で，インターンシップについて下記のような感想を書いています。

　　１年生のときは，とりあえず高校を卒業したかっただけでした。インターンシップも行かなければいけないから，とりあえず参加しました。しかし，そのインターンシップで大人から言われた言葉が大きく突き刺さり，将来のことを考え始めました。

　　２年生のインターンシップでは自分に足りないことを知って，３年生では初めて真剣に取り組みました。

　　これから自分の一生をかける自分の望んだ進路に進みます。これは３年間に及ぶインターンシップのおかげだと思います。

　この生徒は，１年生のインターンシップで大きな学びを得ました。しかし，１年生のインターンシップだけでは成長しなかったでしょう。その後の継続的なインターンシップの機会があったからこそ，この生徒は「自分の一生をかける自分の望んだ進路」に進むことができたのです。

　保護者，教員以外の大人からの声かけは，生徒たちにとって意味が大きいものです。受入先の担当者が何気なく言った一言でも，生徒たちにとっては大きな学びのきっかけとなり，その後の学校生活，ひいてはその生徒の今後の人生にも影響を及ぼすこともあります。

　そこまでいかずとも，初めて会う人と関係性を築くこと，協働するためにコミュニケーションを図ることは，社会で生活していくうえで重要なスキルとなります。その意味においても，インターンシップを通じて受入先の大人とコミュニケーションを多く取ることは重要であると言えます。

(4)インターンシップについて感想を書いた2年生

また，別の2年生の生徒はインターンシップについて下記のように述べています。

古民家カフェにインターンシップに行きました。1年生のときは，カフェのお仕事体験。日替わりメニューの名前を覚えられなくて大変でした。2年生のときはプラスして畑仕事も体験。お客様に出せる野菜にするため，気をつけました。お客様第一につくっているからこそ続けられるんだと思いました。

生徒たちは，体験の中から自ら学びます。地域の大人が日常の仕事の中で行っている作業も，生徒たちにとっては学びの機会となります。インターンシップで生徒たちは体験を通じて，仕事のやり方ではなく意味を学びます。単純な仕事の体験ではなく，働くことの意味が学べる体験を提供することが，ポイントです。なぜこの作業をするのかが理解できると，自分の仕事の価値が見え，自分と社会がつながる体験が生まれるのです。

ここで挙げた4名の感想には必ず他者が存在していることが見て取れます。それは，東北の人であったり，途上国の生産者であったり，インターンシップ先の大人であったり，そのお客様であったり，生徒によって様々ですが，どれも自身の学びの過程での登場人物です。この自身の学びの中に登場する人物がどれだけ具体的であるかが，生徒の成長にとって重要になってきます。他者が出てきた瞬間，その学びは自己完結ではなくなるからです。

自分が今学んでいることは，どこかの誰か，つまり社会とつながっているということが理解できると，学ぶことの意味が明確になります。そうなれば生徒たちは自ら考え，体験し，学び成長していくのです。

(5)プロジェクトTにより生まれる変化

　プロジェクトTにより変化が生まれるのは，生徒だけではありません。地域活動の中で交流したり，インターンシップで生徒を受け入れたりする地域にも意識の変化が起こります。

　黄柳野高校はその立地上，地域とつながりが希薄でした。毎年インターンシップの受け入れに協力してくれているある企業担当者も，インターンシップ受け入れ前は黄柳野高校についてのイメージがまったくなく，地元の高校であるという認識もなかったと述べています。しかし，インターンシップの受け入れや地域での交流を通じて生徒と触れ合うことで生徒への理解が深まり，学校のファンが増えます。「黄柳野高校の生徒を，インターンシップで預かっている」という感覚から「地域の高校生を地域で育てていく」という意識に変化していくのです。インターンシップを実施していれば，もちろん問題は発生しますが，それが原因で翌年以降インターンシップの受け入れを拒否されることは少ないです。むしろ積極的に学校教育に協力をしてくれるようになります。生徒が地域に出て活動することで，生徒自身が地域と学校の媒介となっているのです。

　また，プロジェクトTは生徒個人だけでなく学校全体の行動規範の変化を促します。学年が上がるほど，授業やインターンシップの参加率は向上しており，受講態度もよくなってきています。また，進路未決定者が出なくなるなどの変化も見られます。もちろん，1年生よりも3年生の方が様々な面で行動規範が確立していますが，年度内において学校全体として大きな変化があります。

　しかし，当たり前のことですが，毎年生徒は入学し，卒業していきます。3年間の学びを経て成長した生徒が卒業し，様々な課題や困難を抱えた生徒が入学してきます。成長した3年生がいなくなり，未熟な1年生が入ってくるため，年度が変わっても学校全体での参加率や授業態度は大きく変わらないことが想定されるのですが，学校全体でも参加率や授業態度の向上が年々見られます。

これは，プロジェクトTが，生徒一人ひとりの成長を促しているだけでなく，学校文化にも影響を与えていると考えることができます。このような現象が起きている要因については，今後詳しく検証していく必要があります。

キャリア教育のあり方と価値

　これまで見てきたように，生徒たちが学ぶ場所は，教室とは限りません。むしろ積極的に教室を飛び出し，地域をフィールドに学んでいます。教員が教え生徒が教わるという授業ではなく，教員も生徒もともに学ぶということがこのプロジェクトTの特徴です。したがって，教員以外の大人が生徒の前に立って講座を実施することも多くなっています。

　フェアトレードコースでは，外部講師として名古屋市のフェアトレードタウン化に携わった方を招き，その考え方を学びました。そして授業内で新城市長を招き，市のフェアトレードタウン化を訴えました。インターンシップでは，生徒たちは地域の大人たちから「大人になる」ということを学びます。それは，働くということだけではなく，学ぶこと，生きることの意味も学ぶ機会となっています。

　キャリア教育プログラムは，ともすると，一発のイベントに成り下がってしまう可能性があります。例えば，インターンシップはもちろん大きな学びの機会です。普段の学校生活から飛び出し社会で学ぶことにより，生徒たちは様々なことを学んで帰ってきます。しかし，ついた火に薪をくべ続けなければ火が絶えてしまうように，学んだことを活かす次の場がなければ，その学びは定着しません。一過性のイベントで終わらせないカリキュラムデザインが求められます。

　火がつくポイントも，生徒によって様々です。プロジェクトTの事例で言えば，インターンシップで火がつく生徒もいれば，コースでの活動で火がつく生徒もいます。多様な種類の学びが多様な場で展開されていることが，多様な生徒の成長を促すことにつながるのです。我々アスクネットがしてい

るコーディネートとは，まさに「つなぐ」という作業です。つまり，学校と地域資源をつなぎ学びを生み出し，生徒のその学びを次の学びへとつなぎます。学校の外には，学びの資源となるものが多数存在しています。その一つひとつを発掘しコーディネートして学校とつなぎます。地域に点在していた各資源が学校を中心につながり，やがてそれは"面"となります。ここに，学校を中心とした学びの生態系が生まれていきます。

　また，キャリア教育プログラムにおける学びは，1回だけではもったいないとも言えます。もちろん，その1回の体験でも生徒は成長を遂げますが，それは単発の"点"での変化です。段階的にプログラム化された授業の中で，様々な体験をすることで生徒は飛躍的な成長を遂げます。それは継続的な"線"となり，その延長線上に生徒の主体的な学びが生まれます。

　このように学ぶ場所が多数あり，生徒に主体性が生まれると，プログラムが終わった後でも，生徒は自ら動き出すようになります。一つの体験をきっかけに社会への参加の窓口が開くと，生徒たちは学校で学んだことを社会で活かし，社会で学んだことを学校に還元するようになります。学校と社会が協働して相互補完関係になることで，生徒たちの学びの可能性が大きく開かれます。多様な学びが求められる現代において，学校以外の場での学びの機会は重要であり，キャリア教育は学校以外の場の学びを創出する装置にもなると言えます。

　地域に学びの場があり続けるためには，地域にとっても，そのこと自体が意味あるものでなければなりません。教育はもちろん，子どもたちのためのものですが，教育によって地域に好影響を及ぼすことも可能です。インターンシップが企業の課題解決の糸口になることもあれば[21]，高校生が地域イベントに参加すること自体が地域の活性化につながる側面もあります。黄柳野

---

[21]　高校生による課題解決型のインターンシップは多くある。若い世代を顧客として呼び込むためにインターンシップを通じて高校生が商品開発をするなどはその代表的な例である。その他，企業内の次期管理職候補者をインターンシップ担当に命じマネジメントスキルを磨くなど，企業内の人材育成のトレーニングとしてインターンシップを活用している事例もある。

高校のある新城市は，高齢化の進む消滅可能性都市のため若者は貴重な存在です[22]。黄柳野高校には全国から生徒が集まっており，新城市とは縁もゆかりもない生徒が多数在籍していますが，そのような生徒が3年間地域とともに活動することで，新城市に愛着をもつということにも大きな意味があります。教育プログラムに地域にとっての意味をもたせることも，アスクネットの役割の一つです。

　アスクネットはこれまで，市民講師による講座やインターンシップのコーディネートに従事してきました。しかし，キャリア教育の重要性が叫ばれている昨今，市民講師による授業やインターンシップは，珍しいものではなくなりました。生徒一人ひとりの自立を促すため，キャリア教育の中にいかに有益な学びを生み出すかが重要です。ここでは黄柳野高校のプロジェクトTを事例にキャリア教育のあり方や価値について考えてきました。しかし，教育プログラムには完成はなく，プログラムの質の向上が常に求められます。当然プロジェクトTも例外ではありません。
　学術的な「理論」と現場での「実践」の両輪を回しながら価値あるキャリア教育をつくり上げていくことが，これからのアスクネットの役割になってくるでしょう。

（小柳真哉）

---

[22] 新城市では若者流出対策として，若者が活躍できるまちにするため若者の力を活かすまちづくり政策を展開している。若者議会では16〜29歳の若者が委員として政策を考え市長に提案を答申する。若者議会として1,000万円の予算提案権をもっており，市議会の承認を得ることができれば市の事業として実施されている。

[参考文献]
権田一成他（1996）「実践校に学ぶ 市民立・黄柳野高等学校の歩み」『季刊教育法』107: 86-93
[参考資料]
文部科学省（1999）「初等中等教育と高等教育との接続の改善について（答申）」
　（http://www.mext.go.jp/b_menu/shingi/chuuou/toushin/991201.htm）
文部科学省（2011）「今後の学校におけるキャリア教育・職業教育の在り方について（答申）」
　（http://www.mext.go.jp/component/b_menu/shingi/toushin/__icsFiles/afieldfile/2011/02/01/1301878_1_1.pdf）

06
キャリア教育ネットワーク協議会「PBL」

企業活動をリソースとした PBL で「未来を切り拓く力」を養う

　キャリア教育コーディネーターネットワーク協議会は，2011年に設立されたキャリア教育コーディネーターの育成・認定を行う団体です。全国の育成機関と連携しながら，教育支援を行う専門人材を養成することを通して，キャリア教育の発展を目指しています。また，こうした人材育成事業のほか，実際にキャリア教育コーディネーターとして学校のキャリア教育支援を行うことも多くあります。

　ここでは，とある公立高校からのリクエストで行った比較的短い期間でのPBL 型プログラムについて，その内容と企業活動との関係についてご紹介したいと思います。

6回で PBL は成立するのか？

　まず，PBL という用語について確認をしておきましょう。PBL とは，Project-Based-Learning の略です。Problem-Based-Learning の略でもあり，その定義はやや曖昧な部分もあります。ですが，共通している点は，何らかの課題解決や具体的な事例を扱うなどの「実践活動」を通して知識や技術を身につけていくという点です。

　具体的な事例としては，企業から課題解決のテーマを出してもらい，それに対して高校生が提案を行うというようなものです。新しい商品やサービスを企画する，商品・サービスの PR 施策を提案するなどがあります。

さらにビジネスプランコンペのような形で，全国の高校生がその提案内容を競う形式になっているプログラムもあります。また，地域にある社会課題の解決方法を高校生が考えたり，地域の特徴を生かした商品や観光プランを企画したりと，地域理解を目的として学校が行政機関と連携しながら取り組む事例もあります。

　今回ご紹介する公立高校からのリクエストに話を戻します。学校からのリクエストは，商品やサービスの企画などの「ビジネスの実践活動」をさせたいという要望でした。一方で，50分2コマを6回という制約条件が大きいものでもありました。よく行われているPBLプログラムは，20コマ以上など，学期や年間を通して取り組んでいる学校も少なくありません。

　これをたった6回でどこまでできるのか？　本当に実現できるのか？　ということが，まずは課題になりました。

▍身につけたい資質・能力を基点に考える

　プログラムの「長さ」や「回数」とはどういうことかと言うと，仕事で言えば「工数」ということになります。工数は「どのような状態を仕事の完成とするか」，仕事のゴールから逆算して考えます。

　PBLプログラムに置き換えると，「仕事が完成した状態」が取り組むテーマ（出題）になりますが，今回のプログラムでは，逆に工数に制約がある状態。制約条件の中でどこまで完成させられるかからテーマ（出題）を考える必要がありました。

　では，テーマ（出題）はどのように決めるのかというと，どのような資質・能力を身につけることを目指すかという「ねらい」の設定によって変わってきます。

　商品企画・サービス企画を題材としてPBLを行う場合，活動を通して必要になる能力とは，次のようなものがあります。

- ・情報収集力
- ・分析力
- ・課題発見力
- ・アイデア発想力
- ・表現力，プレゼンテーション能力
- ・チームで協力する力

　この他に「好奇心」や「行動力」「修正力」などもあるかもしれません。例えば，「分析力」の養成をねらいとするのであれば，特定のターゲットについて課題を分析する活動を盛り込むなど，対になる「思考活動」があります。そこでは分析のための思考フレームを使いこなすなどの技術を習得するプロセスも必要になるでしょう。この部分が「授業」ということになります。授業の「回数」という制約条件があるのであれば，「ねらい」となる身につけたい資質・能力の優先順位を明確にし，思考活動や思考フレームのうちの何を重視するか，何は優先順位を下げる（諦める）のかを判断をすることが必要になります。すべてを無理やり詰め込んでしまっては，逆に何も学べなくなってしまうからです。

　そこでこの高校では，身につけたい資質・能力として「課題発見力」を重視することとしました。ビジネスプランを考える際の思考活動として優先順位が高いものを「顧客のニーズを探る」と設定し，顧客のターゲット層はあらかじめ限定してしまうこととしました。限定された顧客ターゲットについてしっかり分析することで，課題を発見することに注力させ，一方で，解決のアイデアは広く発散させることに。収益性や実現性の検証などビジネスプランとしての質は求めないこととしました。

　こうして設定された「お題（テーマ）」は，「2020年東京オリンピックで来日する外国人観光客をハッピーにする新商品を提案せよ」となりました。グループで協力して活動することもミッションの一つ。全6回のプログラムの概要は，このようなものになりました。

1	●オリエンテーション ●外国人観光客に関する情報収集
2	●先行事例研究
3	●ブレーンストーミング ●企画立案
4	●企画をまとめる
5	●プレゼンテーション準備
6	●プレゼンテーション

※このとき実施したプログラムは，下記で教材も含めて公開しています。
（http://www.human-edu.jp/newstopics/4919）

PBL は企業の強みがダイレクトに活きる教育支援

　この６回のプログラムでは，授業の中で学校外の社会人にも協力してもらっています。最終発表会では，プロのデザイナーさんに来ていただき，審査員としてビジネスプランへのアドバイスをしていただきました。

　もっと長い時間（授業数）をかけて取り組めるのであれば，最終発表会だけでなく，中間地点で「中間発表」を行い，いろいろな社会人から客観的かつ社会人目線でのアドバイスをもらう，ということもできるでしょう。

　このように，商品開発や販売促進などの企画提案を行う PBL プログラムは，地域・企業の社会人に関わることで学習効果を高めることができるプログラムでもあります。

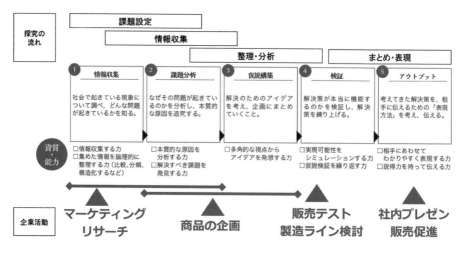

PBL プログラムの基本の流れと企業活動の関係

　こちらの図では，PBL プログラムの基本の流れと企業活動の関係を整理してみました。

プログラムの流れの中に含まれているのは，マーケティング活動（市場調査），商品の企画，製品の製造管理，販売促進，時には実際に販売を行うということもあります。すべて実際に企業が行っている企業活動そのものです。したがって，高校生にとっては企業活動の流れがそのまま体験できる，実社会のリアルな仕組みの疑似体験ということになります。

　これは，企業にとっては，企業活動や企業の仕事のプロセスをそのまま授業にすることができる，ということでもあります。企業が当たり前に行っている企業活動のノウハウが，高校生にとって有効なアドバイスになるのです。ご協力いただく社会人の方には，「相手を自分の同僚や部下だと思って評価やアドバイスをしてほしい。子ども扱いしないでほしい」とお伝えしています。普段のお仕事の中で常にやっていることですし，逆に部下に伝えるための伝え方の工夫に気づく方もいらっしゃるでしょう。

　このように，普段の企業活動・仕事でやっていることを「そのまま」学校に持ち込んでいただくことができるので，企業が最も参画しやすい教育支援であるとも言えます。

　また，まずは企業の抱える課題をテーマとして出題するという関わり方から始めてみることもできるかもしれません。

PBL は探究学習の「お作法」習得でもある

　では，高校または高校生にとって，どのような効果があるのでしょうか。

　すでにお伝えしたように，社会に出る前の学校の中でリアルな企業の活動の疑似体験ができるという点から，多くの学びが得られます。企業の仕組みの理解にもなり，「働く」とはどういうことかを垣間見る機会にもなります。

　チームで協力して活動することを通して，自分は何が得意で何が苦手なのか，自分のできること・したいことに気づく機会にもできるでしょう。こうした自己理解につなげるためには，活動後の振り返りもとても大切になります。

また，新学習指導要領では，高校の「総合的な学習の時間」が「総合的な探究の時間」になります。

文部科学省からは，

> 課題の設定→情報の収集→整理・分析→まとめ・表現

という探究的な学びのプロセスが示されています。プロセスの最初にある「課題の設定」とは，身の回りにある課題を自ら発見することですが，これは企業活動においてもまったく同じことが言えます。

企業が新しい商品やサービスを開発する際に，出発点になるのはお客様の困っていることや「ありたい姿」。企業活動も探究学習と同じように「課題の設定」から始まっているのです。情報収集→整理・分析→表現という流れも同じです。したがって，PBLで企業活動を体験することは，探究学習の過程・手法を習得することにもつながるのです。生徒一人ひとりの探究課題を設定するような探究学習の「入門編」としても有効なのではないでしょうか。

さらに探究学習は，自分の興味・関心と学び，自分と社会・世界，学びと社会・世界をつなげていくことができます。活動と教科の学びを結びつけるのは，学校の先生の仕事かもしれませんが，企業で働く大人たちも，自分たちの活動と社会・世界がどのようにつながっているのか，また，学びとどのようにつながっているのかを伝えていく必要があるのだと考えています。

▌コロナ禍を超えて前に進む私たち

この原稿を書いている現在は2020年7月。COVID-19により，世の中が大きく変わってしまいました。「未来は予測不可能であること」が誰の目にも明らかになり，技術の進歩のスピードがさらに速くなったことも間違いありません。

そんな中で子どもたちに必要なのは，まさに探究・PBL で行っている「自ら課題を発見し解決していくこと」です。これは，子どもたちだけなく，私たち大人にも求められることではないでしょうか。

　探究・PBL を入り口にした教育支援を通して，大人も未来に向けて課題を見いだし，解決に向けて行動し学び続けることができるのかもしれません。大人も子どもとともに学び続けるために，多くの大人に教育支援に関わってほしいと願っています。

（松倉由紀）

おわりに――「子ども」を中心に OS を更新していく！

　社会の変化が早くなっていると，様々なところで言われていると思います。実感のある方もあまり実感のない方もいらっしゃると思います。わかりやすい例として，携帯電話をイメージしてください。

　今の携帯電話の主流は，「スマートフォン」であり，「ガラケー」ではありません。現代の社会における科学技術の進展は，10年もすると様変わりしています。私が初めて通信機器を持ち始めたのは，高校1年生のポケベルでした。2年生には，PHSになり，3年生では携帯電話になりました。当然，当時はモノクロ画面です。約20年前の話です。その頃には，前身の会社はありましたが，ソフトバンクという名前の会社はありませんでした。

　これからの科学技術の発展は，社会を大きく変えることになっていくでしょう。こうした社会変化に，学校教育も大きな影響を受けることになります。そうした変化に柔軟に対応していくのか，それとも，古き良き時代の教育を維持していくのか。もうすでに，問われた経験がある人もいるかもしれません。

　どのように判断するかは状況にもよりますが，「子ども中心」であることが必要です。今後，今はよしとされた選択や判断が，正しいとは言えなくなるかもしれません。それでも，子どもたちの取り巻く環境が変化していく中で，関わる大人は良き選択，判断を求められていきます。そうした意味で，先生をはじめ子どもに関わる大人の責任は大きくなるかもしれません。変わりゆく社会の中での選択や判断をしていくために，学び続け，自身のOS（オペレーティング・システム）を更新していくことが必要なのです。

　最後になりますが，私が所属するNPO法人アスクネットを見つけ，本書の執筆の機会をいただいた明治図書出版の赤木恭平さんには，大変感謝して

おります。また，執筆に際し，ご協力いただきました，至学館大学の時安和行先生，瀬戸 SOLAN 小学校の深見太一先生に心から感謝申し上げます。不慣れな私に協力してくれた大谷歩さんありがとうございました。本書に関わる事業の現場を支え，日頃から団体や私を支えてくれている全スタッフに，そして，私や団体の活動をずっと応援してくれている，病と戦う母とそれを支える父にこの場を通じて感謝を伝えたいと思います。

NPO 法人アスクネット代表理事　山本　和男

【執筆者一覧】（執筆順）

山本和男　NPO 法人アスクネット代表理事
高橋　正　高浜市子ども健全育成支援員（元公立中学校校長）
地頭雅春　学校法人安城学園　安城学園高等学校教諭
白上昌子　くらしクリエイト代表
上井　靖　A-sessions 代表　愛知教育大学非常勤講師
　　　　　（元名古屋市立中学校校長）

■ Chapter3事例

荒井直人　NPO 法人アスクネット職員
安藤仁美　NPO 法人アスクネット職員
長谷川涼　NPO 法人 ICDS 職員
国枝宣樹　NPO 法人アスクネット職員
小柳真哉　NPO 法人アスクネット職員
松倉由紀　株式会社 ax-factory 代表取締役

【編著者紹介】

NPO法人アスクネット（えぬぴーおーほうじんあすくねっと）
NPO法人アスクネットは，20年以上にわたってキャリア教育を推進し，インターンシップや市民講師講座，探究プログラムなど，子どもや大人に「出会いと挑戦の場」を提供しています。「キャリア教育コーディネーター」が専門人材として現場をコーディネートし，主体的な18歳を社会に送り出すこと，そして，地域社会全体で子どもたちと関わり，子どもも大人もともに成長する「学び合い育ち合うコミュニティ（社会）」をつくりだすことを目指しています。

７人に１人の子どもが貧困
主体的な18歳を社会に送り出すための
学校コーディネート５つの提言

2021年2月初版第1刷刊 ©編著者 NPO法人アスクネット
発行者 藤 原 光 政
発行所 明治図書出版株式会社
http://www.meijitosho.co.jp
（企画）赤木恭平（校正）太田絵美
〒114-0023 東京都北区滝野川7-46-1
振替00160-5-151318 電話03(5907)6701
ご注文窓口 電話03(5907)6668
＊検印省略
組版所 広 研 印 刷 株 式 会 社

Printed in Japan ISBN978-4-18-299418-0
もれなくクーポンがもらえる！読者アンケートはこちらから

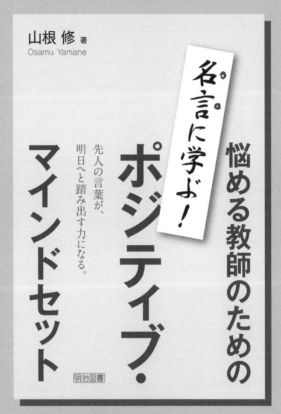